Kämpfer und Krieger

Oetinger

Deutsche Erstausgabe

1. Auflage 2011

© Verlag Friedrich Oetinger GmbH, Hamburg 2011

Alle Rechte vorbehalten

© Originalausgabe: 2010 Weldon Owen Inc.

Titel der Originalausgabe:
   Infinity – Warrior – Sacrifice and Honour

Text: Simon Adams

Illustration: The Art Agency (Rob Davis, Barry Croucher,
        Gary Hanna, Mick Posen), Damien Demaj, Godd.
        com (Markus Junker, Rolf Schröter), KJA-artists
        (Laurence Porter, Roger Stewart), Malcolm
        Godwin/Moonrunner Design, MBA Studios,
        Ed Merritt Cartographic, Wilkinson Studios
        (Francesca D'Ottavi)

Aus dem Englischen von Annegret Hunke-Wormser

Fachberatung: Christian E. Schulz

Printed 2011

ISBN 978-3-7891-8468-0

www.oetinger.de

Die in diesem Buch erwähnten Internetlinks wurden
sorgfältig geprüft. Eine Verantwortung für die Inhalte
von Webseiten kann seitens des Verlags jedoch nicht
übernommen werden.

Über den Autor

Simon Adams wurde in Bristol geboren und studierte an den Universitäten von London und Bristol. Danach arbeitete er als Redakteur von Nachschlagewerken für Kinder, bevor er sich vor 15 Jahren ganz dem Schreiben zuwandte. Seitdem war er als Autor an mehr als 60 Büchern beteiligt. Simon Adams schreibt über so unterschiedliche Themen wie die amerikanische Geschichte, den Untergang der Titanic und die beiden Weltkriege. Er ist der Autor von *Soldier* und Verfasser eines großen Teils von *War*, einer äußerst erfolgreichen Geschichte der Kriegsführung.

Kämpfer und Krieger

SIMON ADAMS

Verlag Friedrich Oetinger · Hamburg

Inhalt

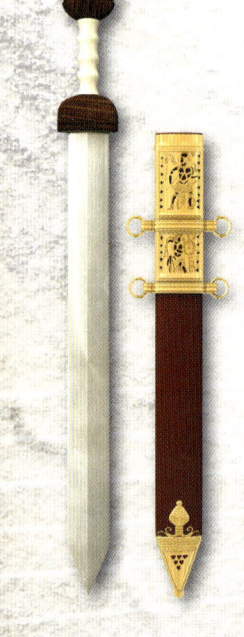

WAS IST EIN
Krieger?

Ein Krieger ist ein Kämpfer. Er – denn die meisten Krieger bisher waren Männer – ist darin geschult, sich dem Feind entgegenzustellen und ihn zu bekämpfen. Ein Krieger kann ein Soldat in der Armee eines Staates sein oder keiner regulären Armee angehören. Krieger gibt es, seit die ersten Völker gegen fremde Stämme um ihr Überleben kämpften. Sie ziehen unter anderem für die Ziele ihres Volkes und ihres Landes in den Kampf – zum Beispiel, um das Reich zu vergrößern und ihre Feinde zu besiegen. Krieger führen ein hartes und gefahrvolles Leben.

WAS IST EIN KRIEG?

Ein Krieg ist ein organisierter, mit Waffen ausgetragener Kampf zwischen Gruppen von Menschen innerhalb eines Staates oder zwischen Staaten. Ziel der Kriegführenden ist es, die eigenen Interessen gewaltsam durchzusetzen.

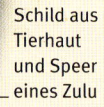

Mut und Tapferkeit

Im 19. Jh. nahmen es die Zulu-Krieger in Südafrika mit der schwer bewaffneten britischen Armee auf. Obwohl sie weder Feuerwaffen noch eine Artillerie besaßen, konnten sie die Briten häufig sogar besiegen, weil sie zahlreicher und sehr mutig waren.

Schild aus Tierhaut und Speer eines Zulu

Stärke und Geschicklichkeit

Gute Krieger wie diese Stammesangehörigen der Maya aus Zentralamerika müssen durchtrainiert und stark sein, vor allem für den Nahkampf. Nahkampfwaffen wie Keulen, Schwerter, Dolche und Spieße erfordern Kraft und schnelles Reaktionsvermögen, will man sie erfolgreich einsetzen. Ein Krieger muss sich außerdem im Gelände sehr gut auskennen, um angreifende Feinde überlisten zu können.

1879, in der Schlacht bei Isandhlwana, kämpften die Briten gegen die Zulu.

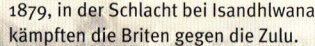

Steinklingen sorgen
für scharfe Kanten.

ÜBEN FÜR DIE SCHLACHT

Im Mittelalter traten die Ritter in Zweikämpfen oder Scheinschlachten gegeneinander an, um für den Kampf zu üben. So sollten sie gefahrlos die Fertigkeiten trainieren, die sie in einer Schlacht benötigen würden. Die Lanzen waren stumpf und eine Barriere zwischen den beiden gegnerischen Kämpfern verhinderte Zusammenstöße. Trotzdem kam es häufig zu schlimmen Unfällen.

Turnier im 15. Jh.

Warum kämpfen?

Krieger kämpfen für ihre bzw. die Interessen ihrer Gruppe oder ihres Staates, etwa die Befreiung ihres Heimatlandes von einer fremden Herrschaft. 1775 erhoben sich amerikanische Revolutionäre gegen die britische Herrschaft und erlangten 1783 schließlich die Unabhängigkeit. Das Ergebnis war die Gründung der USA.

Ein amerikanischer Unabhängigkeits-
kämpfer lädt seine Muskete nach.

Leben für den Kampf

In der Antike war Kampf in einigen Ländern eine Lebensform. Der durch und durch militarisierte Stadtstaat Sparta besaß die beste Armee in Griechenland. Die Bürger wurden ab dem siebten Lebensjahr zu Kriegern ausgebildet. Mit 20 traten sie für zehn Jahre in die Armee ein und lebten, aßen und kämpften gemeinsam. Diese Ausbildung formte die spartanische Armee zu einer disziplinierten, professionellen Truppe.

Diese Vasenmalerei zeigt einen
spartanischen Hopliten.

FRÜHE KONFLIKTE

Die ersten Berichte über Kriege stammen aus Mesopotamien aus der Zeit um 2450 v. Chr. Eine Inschrift auf einer Stele besagt, dass der Stadtstaat Lagash das benachbarte Umma besiegte. Ein Jahrhundert später wurde Sargon von Akkad zum ersten Krieger, der durch kriegerische Auseinandersetzungen ein Großreich begründete. Als Anführer einer starken Armee siegte er in 34 Schlachten. In diesen frühen Konflikten kämpften die Soldaten zu Fuß. Ihre einzigen Fahrzeuge waren ein paar schwere Wagen, die von Eseln gezogen wurden. Anfang des 13. Jh. v. Chr. bekämpften sich zwei riesige Armeen: Ägypter und Hethiter zogen mit Tausenden von leichten Streitwagen in die Schlacht.

Streitwagen Ramses' II. aus Ägypten

LACHISH WIRD BELAGERT
Die Assyrer

Im Jahr 701 v. Chr. führte der assyrische König Sanherib seine Armee nach Judäa, in das heutige Israel, um einen Aufstand gegen seine Herrschaft niederzuschlagen. Seine Truppen belagerten die judäische Hauptstadt Jerusalem und verlangten von den Judäern in der befestigten Stadt Lachish im Süden, sich zu ergeben. Die Assyrer garantierten ihnen Unversehrtheit, wenn sie die Stadttore öffneten. Als die Judäer sich weigerten, umzingelten assyrische Soldaten Lachis und griffen die Stadt mit Infanterie (Fußsoldaten) und Belagerungsgerät an. Schließlich durchbrachen die Assyrer die Stadtmauern, töteten die Bewohner und zerstörten die Stadt.

Assyrien

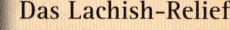

Das Lachish-Relief
Durch die Steinreliefs im Palast Sanheribs, des Königs von Assyrien, in Ninive wissen wir viel über die Belagerung von Lachish. Die Reliefs zeigen die Vorbereitungen auf die Belagerung, den Fall der Stadt und die gefangen genommenen Judäer. Auf diesem Relief sind ein Bogenschütze und ein Speerwerfer aus der Leibwache des Königs zu sehen.

Mit Pfeil und Bogen
Assyrische Bogenschützen benutzten aus mehreren Schichten Holz zusammengeleimte Kompositbögen.

DAS REICH DER ASSYRER

Das Königreich von Assyrien lag im Flusstal des Tigris im heutigen Nordirak. Die gut ausgerüstete und hoch disziplinierte Armee der Assyrer besiegte nach 911 v. Chr. die Königreiche Babylon im Süden und Urartu im Norden. Das assyrische Herrschaftsgebiet reichte bis zum Mittelmeer und für kurze Zeit bis nach Ägypten. 612 v. Chr. wurde das Reich von dem wieder erstarkten Babylon angegriffen und brach auseinander.

Mächtiges Reich
Zur Zeit seiner größten Ausdehnung im Jahr 663 v. Chr. reichte das assyrische Reich vom Persischen Golf im Osten bis zum Nil im Westen.

Schwarzes Meer
0 150 300 km
KÖNIGREICH VON URARTU
Anatolien
Kaspisches Meer
ASSYRIEN
Ninive
Elburs-Gebirge
MESOPOTAMIEN
Tigris
MEDIEN
Zagros-Gebirge
Mittelmeer
PHÖNIZIEN
Euphrat
Jerusalem
Lachish
Syrische Wüste
Babylon
ELAM
Memphis
JUDÄA
BABYLONIEN
Uruk
Ur
Sinai
Arabische Halbinsel
Nil
Rotes Meer
Persischer Golf
N

Assyrisches Reich um 663 v. Chr.

DIE BELAGERUNGSARMEE
Wahrscheinlich belagerten Zehntausende assyrische Soldaten Lachish. Ingenieure unterstützten die Hauptarmee aus Kavallerie (berittenen Soldaten) und Infanterie. Sie waren für den Bau der Steinrampe und der Belagerungsgeräte zuständig. Außerdem versuchten speziell ausgebildete Soldaten, die Stadtmauern zu durchbrechen oder einen Stollen unter ihnen hindurchzugraben.

Assyrische Steinschleuderer

Assyrische Soldaten griffen die judäischen Verteidiger mit Steinen an. Mit Schleudern konnten sie die Steine bis auf die Stadtmauern werfen. Ein geübter Steinschleuderer warf mühelos bis zu 10 Steine in der Minute, war dabei allerdings für feindliche Bogenschützen ein leichtes Ziel.

Die Verteidiger lassen brennende Strohballen auf die Angreifer fallen.

Eine Holzkonstruktion schützt die Männer beim Stollengraben.

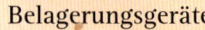

Belagerungsgeräte

Assyrische Militärtechniker konstruierten Belagerungsgeräte zum Durchbrechen der Stadtmauern. Diese Maschinen waren Holztürme auf vier Rädern.
Die Judäer beschossen sie mit brennenden Pfeilen. Um vor dem Feuer geschützt zu sein, waren die Maschinen mit nassen Lederhäuten bedeckt. Im Turm war ein schwerer Ramm-bock aufgehängt. Er wurde gegen die Mauer gestoßen, um die Stadtmauer zu durchbrechen.

Enterhaken der Judäer, um die Maschine umzuwerfen

Ein assyrischer Soldat versucht, das Feuer zu löschen.

Ein Stoffbündel wird herunter-gelassen, um die Mauer vor dem Rammbock zu schützen.

Die Stadt wird gestürmt

Zu Beginn der Belagerung bauten die Assyrer vor der Stadtmauer eine mit Steinplatten bedeckte Rampe aus Erde. Dann schoben sie große Belagerungsgeräte die Rampe hoch, um eine Bresche in die Mauern zu schlagen. Bogenschützen auf dem Turm der Maschine beschossen die feindlichen Soldaten auf den Mauern mit Pfeilen.

Ein Judäer stößt mit einer Stange eine Leiter von der Mauer weg.

Strategien zur Verteidigung
Die Judäer auf den Stadtmauern beschossen die Assyrer mit Pfeilen und bewarfen sie mit Steinen, Felsbrocken, brennendem Holz und anderen Wurfgeschossen.

Felsbrocken und andere Wurfgeschosse prasseln auf die assyrischen Soldaten.

Assyrer klettern auf langen Leitern an den Mauern hoch, Bogenschützen und Steinschleuderer geben ihnen Schutz.

Assyrische Speerwerfer
Einige Soldaten trugen lange, mit Eisenspitzen bewehrte Speere. Diese assyrischen Speerwerfer spielten eine wichtige Rolle bei der Belagerung von Lachish. Assyrische Speerwerfer und Bogenschützen trugen Brustpanzer aus Kupfer, Bronze und Leder, um im Kampf geschützt zu sein.

Durchbruch der Mauern

S obald die Rammböcke eine Bresche in die Mauern geschlagen hatten, stürmte die Infanterie in die Stadt. Viele Judäer wurden getötet, andere gefangen genommen. Die Eroberer plünderten die Stadt, brannten und rissen viele Gebäude nieder. Wahrscheinlich verloren bei der Belagerung auf beiden Seiten viele Tausende ihr Leben.

Verzweifelter Widerstand
Die Verteidiger kämpften immer verzweifelter gegen ihre Angreifer, waren aber kein ebenbürtiger Gegner für die schwer bewaffneten und gut ausgerüsteten Assyrer.

Neu gebautes, einsatzbereites Belagerungsgerät

Durch die Bresche
Selbst die hohen und dicken Lehmziegelmauern von Lachish waren für die Rammböcke der Assyrer kein großes Hindernis. Sobald ein kleines Loch in die Mauer geschlagen war, stürzte das umgebende Mauerwerk ein, und ein ganzer Abschnitt der Mauer fiel in sich zusammen.

In Gefangenschaft
Alle Judäer, die den Sturm auf ihre Stadt überlebten, wurden gezwungen, ihre Wertsachen zu übergeben. Die Assyrer nahmen sie gefangen und deportierten sie als Sklaven an einen anderen Ort im Reich.

Bogenschützen versuchen, die eindringenden Assyrer abzuhalten.

~ AUGENZEUGENBERICHT ~
EIN JUDÄISCHER GEFANGENER

Meine Stadt Lachish wurde monatelang von den Assyrern angegriffen. Nahrungsmittel und Wasser wurden knapp, da sie unsere Stadtmauern belagerten. Wir kämpften tapfer und beteten zu Gott, dass es ihnen nicht gelingen möge, die Stadt einzunehmen. Aber unsere Gebete wurden nicht erhört. Ein Großteil meiner Familie und Freunde wurde getötet, mich verschonten die Assyrer. Sie bringen mich und andere von unserer geliebten Stadt weg. Sie machen uns zu Sklaven in einem weit entfernten Land.

JACOB, VERTRIEBENER AUS LACHISH

Mauerstücke stürzen herunter.

Der siegreiche König
Am Ende der Belagerung dankte der assyrische König Sanherib bei einer Siegesparade seinen Soldaten für ihre Tapferkeit im Kampf. Gefangen genommene Judäer zollten ihrem Eroberer Tribut und übergaben ihm Gold, Silber, Edelsteine und andere Luxusgüter.

Assyrische Soldaten öffnen das Stadttor, um die Gefangenen hinauszuführen.

Verteidiger werfen mit Steinen.

Mit Feuer soll das Mauerwerk gesprengt werden.

Assyrische Stollengräber
Die Assyrer versuchten, Stollen unter der Stadtmauer hindurchzugraben, um in die Stadt zu gelangen. Außerdem entzündeten sie Feuer, um das Mauerwerk aufzubrechen und so die Mauern zum Einsturz zu bringen. Die Soldaten schützten sich dabei mit Schilden gegen Feuer von oben.

EINE KRIEGERISCHE NATION
Die Spartaner

Sparta war durch und durch auf Kriegsführung ausgerichtet. Als Einziger der vielen Stadtstaaten im antiken Griechenland war Sparta nicht durch Außenmauern geschützt. Deshalb musste seine Armee aus Bürgersoldaten, den Hopliten, jederzeit auf feindliche Angriffe vorbereitet sein. Jungen wurden von frühester Kindheit an zu Kriegern ausgebildet. Sie lernten zu kämpfen und mit allen Notlagen fertig zu werden. Ihre disziplinierte Kampfkraft, Stärke, Entschlossenheit und ihr Können waren vom 6. bis zum 4. Jh. v. Chr. gefürchtet.

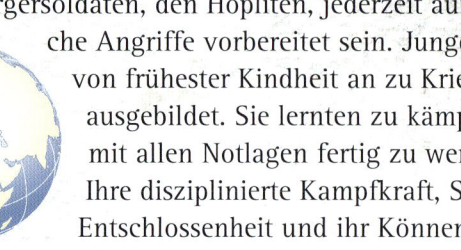

Sparta

Der spartanische Hoplit

Mit seinem leichten, verstärkten Leinenpanzer konnte sich der Hoplit im Kampf gut bewegen. Seine wichtigste Waffe war der *doru*, eine Lanze, mit der er seinen Gegner niederstach. Einige kämpften auch mit einem *xiphos*, einem Kurzschwert. Geschützt waren sie dabei durch ihren Schild.

Bronzehelm mit Kamm-busch

Brustpanzer mit Bronzeschuppen

Lanze

Schild mit Stadtwappen

Beinschiene zum Schutz des Schienbeins

Sandalen

KRIEGSSCHULE

Alle Jungen Spartas wurden in der Agoge, einem strengen Erziehungs- und Trainingsprogramm, zu disziplinierten Kriegern ausgebildet. Die Agoge brachte durchtrainierte junge Männer hervor, die dem spartanischen Staat in Kriegs- und Friedenszeiten treu dienten.

1 Mit sieben Jahren kam ein spartanischer Junge in die Agoge und wurde der Aufsicht eines *paidomonos*, eines hohen Beamten, unterstellt, der sich um seine Erziehung kümmerte. Von älteren Jungen lernte er zu ringen und zu kämpfen.

Spartanischer *xiphos* (Kurzschwert)

~ AUGENZEUGENBERICHT ~
DIE GESCHICHTE EINER MUTTER

Als Mutter in Sparta war es meine Pflicht, einen Sohn zu gebären, was ich tat. Ich zog ihn auf zu einem gesunden und starken Knaben, bis er sieben Jahre alt war. Dann wurde er mir genommen, weil er als Diener seines Landes gebraucht wird. Ich bin sehr stolz auf ihn, doch ich vermisse ihn jeden Tag. Er trainiert hart, um ein Soldat zu werden. Er lernt zu kämpfen und zu überleben. Er wird diszipliniert und erfolgreich sein und zu einem mächtigen spartanischen Krieger werden.

GORGO, MUTTER VON LEONIDAS

Diese griechische Malerei aus dem 5. Jh. zeigt eine Mutter mit den Waffen und der Rüstung eines Hopliten.

2 Um Geschicklichkeit und Gerissenheit zu fördern, bekamen die Jungen im Alter von etwa zwölf Jahren absichtlich zu wenig zu essen. Sie mussten lernen, ihr Essen zu stehlen, ohne ertappt zu werden.

3 Ein spartanischer Junge bekam nur einen Umhang pro Jahr und musste sein Bett aus Schilfrohr vom Flussufer bereiten. So lernte er, in der Wildnis zu überleben.

4 Mit etwa 18 Jahren prüfte er seine Kampfkraft in der *Krypteia*. Er versteckte sich tagsüber und griff in der Nacht einen *helot* (Sklaven) an.

Die spartanische Phalanx

Mit 20 Jahren wurde ein Mann in die spartanische Armee aufgenommen. Die Hopliten kämpften in einer dichten Formation, die man Phalanx nennt. Schulter an Schulter standen die Soldaten in bis zu acht Reihen hintereinander. Ihre Schilde bildeten eine Mauer und ihre Lanzen hielten sie kampfbereit. Trafen sich zwei gegnerische Phalangen, prallten ihre Schilde aufeinander, und jeder versuchte, die Reihen der Gegner aufzubrechen und sie zu bezwingen.

Mars, der Kriegsgott

Der römische Kriegsgott Mars war auch Schutzherr der Bauern. Als Sohn von Jupiter, der obersten Gottheit der Römer, und dessen Gemahlin Juno betrachteten ihn die Römer nach Jupiter als wichtigsten Gott. Für die Römer war Mars auch der legendäre Vater des Romulus, des Gründers von Rom, und damit ihr Vorfahre.

Die Lanze steht für Mars' kriegerische Natur.

Schild und Rüstung zeigen Kampfbereitschaft.

SAGENUMWOBENE
Krieger

Jedes Land oder Volk hat seine eigenen Geschichten über große Krieger: Mythen von übermenschlichen Wesen aus einem früheren Zeitalter und Legenden – Erzählungen, die über die Jahre weitergegeben wurden und manchmal wahr sind. Die Geschichten berichten von Heldentaten im Krieg und guten Taten in Friedenszeiten. Einige Personen in den Geschichten haben nie gelebt, andere wie David hingegen wahrscheinlich schon.

ZEITLOSE GESCHICHTEN

Viele der Geschichten über mystische und legendäre Krieger erzählten sich die Menschen über Generationen, bevor sie niedergeschrieben und später gedruckt wurden. Einige Erzählungen wurden in Geschichtsbücher aufgenommen, andere in religiöse Werke. Gemälde, Skulpturen und heute auch Filme und sogar Cartoons befassen sich mit ihnen.

Das Schwert im Stein

Artus, der König Britanniens

Von Artus, dem sagenumwobenen König der Briten, wird berichtet, er habe die sächsischen Angreifer im frühen 6. Jh. n. Chr. mit einem Schwert bekämpft, das er aus einem Felsen gezogen hatte. In manchen Erzählungen gibt es auch ein magisches Schwert Excalibur. Artus versammelte Ritter um sich und gründete eine Tafelrunde. Seine Heldentaten, die seiner Ritter und die letzte Schlacht gegen den bösen Mordred waren Vorbild für zahllose Ritter im Mittelalter. Einige Menschen glauben, dass Artus zurückkommt, um sein Volk zu retten, wenn es in Not gerät.

Der furchterregende Haka der Maori

Die Maori in Neuseeland führen einen traditionellen Tanz auf, den Haka. Die Tänzer stampfen mit den Füßen, vollführen heftige Bewegungen, begleitet von lautem Sprechgesang. Den Kriegshaka führten ursprünglich Krieger vor einer Schlacht auf, um ihre Stärke zu zeigen und ihre Feinde einzuschüchtern. Heute ist der Haka ein wichtiger Teil jeder Zeremonie zur Begrüßung bedeutender Gäste. Die neuseeländische Rugby-Nationalmannschaft, die All Blacks, führt vor jedem Spiel einen Haka auf.

Schicksalsbotinnen

Die Wikinger glaubten, dass die Walküren entschieden, wer in der Schlacht sein Leben ließ. Diese erwählten toten Krieger würden nach der Schlacht ins Walhall gebracht, in die Halle der ehrenvoll gefallenen Krieger im Jenseits. Hier herrschte Odin, die oberste Gottheit der nordischen Völker. Die toten Krieger würden gut bewirtet, während sie sich auf die Ragnarök vorbereiteten, die letzte Schlacht, in der viele Götter ihr Leben lassen würden und die Welt unterginge.

Der mächtige Herakles

Herakles (die Römer verehrten ihn als Herkules) war dem Mythos nach Sohn des griechischen Gottes Zeus. Er ist der bedeutendste altgriechische Held und war berühmt für seine Stärke, seinen Mut und seine schnelle Auffassungsgabe. In einem Anfall von Wahnsinn tötete er seine Kinder. Daraufhin wies ihn das Orakel von Delphi an, König Eurystheus von Tiryns zwölf Jahre lang zu dienen. Der König gab Herakles zwölf Aufgaben. Eine bestand darin, Zerberus, den dreiköpfigen Höllenhund und Wächter am Eingang des Hades, ohne Waffen gefangen zu nehmen.

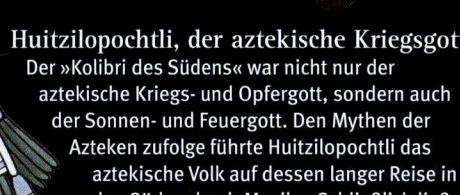

Huitzilopochtli, der aztekische Kriegsgott

Der »Kolibri des Südens« war nicht nur der aztekische Kriegs- und Opfergott, sondern auch der Sonnen- und Feuergott. Den Mythen der Azteken zufolge führte Huitzilopochtli das aztekische Volk auf dessen langer Reise in den Süden durch Mexiko. Schließlich ließen sich die Azteken auf sein Geheiß im frühen 14. Jh. auf einer Insel in der Mitte des Sees Texcoco nieder und gründeten die Hauptstadt Tenochtitlán. Einer der beiden Haupttempel der Stadt wurde dem Gott geweiht.

Todbringende Amazonen

In einem griechischen Mythos wird von den Amazonen erzählt, einem Volk von Kriegerinnen. Dem berühmten Geschichtsschreiber Herodot (ca. 484–ca. 425 v. Chr.) zufolge lebten sie am Schwarzen Meer in der heutigen Ukraine, andere Quellen nennen dagegen die Türkei oder Libyen in Nordafrika. Die Amazonen sollen an der Seite der Trojaner in deren lange währendem Krieg gegen die Griechen gekämpft haben. Eine der Aufgaben des Herakles bestand darin, den Gürtel der Amazonenkönigin Hippolyte zu erringen.

DAVID UND GOLIATH

Als die Israeliten den Philistern im Kampf gegenüberstanden, verließ ein Riese namens Goliath das Lager der Philister. Er war drei Meter groß und trug einen Helm und eine Rüstung aus Bronze. Er forderte die Israeliten zum Zweikampf auf. Würde er getötet, würden sich die Philister ergeben. Niemand außer David, einem Hirtenjungen, wagte sich vor. David streckte den Riesen mit einer Steinschleuder zu Boden, ergriff Goliaths Schwert und enthauptete ihn. Um 1003 v. Chr. wurde David König von Israel und herrschte bis zu seinem Tod um 970 v. Chr.

David und Goliath

516

517

Makedonische
Wasserflasche

IN DEN REIHEN DER ELITETRUPPE

Alexanders des Großen

Sieben Jahre habe ich für meinen Herrn, den König von Makedonien, gekämpft. Philip, mein erster Herr, war ein mächtiger Herrscher. Er formte uns zu der Streitmacht, die wir heute sind. Unter ihm habe ich gegen Athen und Theben gekämpft. In der Schlacht von Chaironeia, unweit von Delphi und dem Orakel, haben wir sie auf dem Schlachtfeld zerschmettert. Diese Schlacht brachte uns die Macht über Griechenland.

Mein Herr Philip wollte mehr als Griechenland. Ich wurde Mitglied der Hetairenreiterei, einer Elitetruppe, die an der Seite des Königs kämpfte. Für meine Geschicklichkeit im Sattel wurde ich berühmt. Ich wäre Philip an jeden Ort gefolgt und sein plötzlicher Tod vor fünf Jahren betrübte mich. Sein Sohn, der junge Alexander, ist mein neuer Herr. Er kämpft sogar noch erbitterter als sein Vater.

Man sagt, Alexander wolle die Welt regieren, und das bezweifele ich nicht. Er versprach, die Angriffe der Perser auf unser Heimatland vor vielen Jahren zu rächen. Und so überquerten wir die Meerenge Hellespont und gingen in Asien an Land, um die persischen Horden zu vernichten. Wir konnten schnelle Siege über sie erringen. Zuerst schlugen wir sie am Fluss Granikos, unweit der antiken Stadt Troja. Vor zwei Jahren besiegten wir sie bei Issos. Meine Kavallerieeinheit fegte alles beiseite, was sich ihr in den Weg stellte, und schließlich nahmen wir ihre Städte in Palästina ein. Mein Herr Alexander führte uns danach nach Ägypten in Afrika und wir eroberten auch dieses Land. Alexander baute eine neue Stadt und benannte sie nach sich: Alexandria. Aber diese Siege waren nicht vollkommen, weil der persische König Dareios auf dem Schlachtfeld von Issos geflohen war.

Heute sind wir Dareios erneut in einer Schlacht begegnet. Wir versammelten uns auf der staubigen Ebene von Gaugamela, jenseits des Flusses Tigris. Die mächtige persische Streitmacht war viermal so stark wie wir. Soldaten saßen auf dem Rücken von Tieren aus Indien. Ich hörte, wie sie Elefanten genannt wurden. Andere Krieger aus dem fernen Skythien und dem

> »Man sagt, Alexander wolle die Welt regieren, und das bezweifele ich nicht. Er hat mich in Länder geführt, die ich nie zuvor gesehen habe.«

Münzen mit dem Porträt
Alexanders

Phrygischer
Helm

Marschsandalen

Sarissaspitze

Persisches Schlacht-
schwert

Leinenpanzer

Land der Afghanen ritten auf Pferden, wieder andere standen in Streitwagen. Mein Herr war angesichts einer solchen Streitmacht auf der Hut.

Unser Schlacht-plan war raffiniert. Er musste es auch sein, weil wir in der Unter-zahl waren und unsere beiden Flanken in einer so weiten Ebene nicht leicht verteidigen konnten. Ich war gut gerüstet, denn ich fürchtete die persischen Schwerter.

Die Perser bildeten uns gegenüber zwei lange Reihen. Unsere Phalanx rückte vor, die Sarissas, tödliche, bis zu sechs Meter lange Stoßlanzen, zeigten in messerscharfen Reihen nach vorn. Auf der rechten Flanke führte mein Herr die Hetairenreiterei an und hinter uns kamen die Hypaspisten, die

> *»Ein erbitterter Kampf entbrannte, und ich fürchtete um mein Leben, aber meine Ausbildung schützte mich vor Verwundungen.«*

Elite-Fußsoldaten. Die persische Kavalle-rie stürmte an ihren Flanken auf uns zu, wurde aber mit Leichtigkeit von den Speeren der Infanteristen um uns herum aufgehalten. Irgend-wann, ich weiß nicht, wie, entdeckte mein Herr eine Lücke in der Mitte der persischen Linien, und wir stürmten wie ein Pfeil auf sein Ziel gerade-wegs darauf zu. Denn dort, direkt vor unseren Augen, war Dareios, ihr König und unser Feind. Ein erbitterter Kampf entbrannte, und ich fürchtete um mein Leben, aber meine Ausbildung schützte mich vor Verwun-dungen, obwohl die persischen Soldaten geschickte Schwertkämpfer waren. Wir hielten stand, während sich die Reihen der Perser lichteten und sich Panik auf der linken Flanke und in der Mitte ihrer Linien ausbreitete. Mitten im Gefecht

floh Dareios, wie schon zuvor in der Schlacht bei Issos.

Wir hatten den Kampf noch nicht gewonnen, denn die linke Flanke war noch in Gefahr. Unsere Infanterie aus Thessalien, die bis jetzt in Reserve gehalten worden war, hielt stand, während wir die Perser von hinten angriffen. In großem Chaos verließ die einst mächtige persische Armee das Schlachtfeld, wir folgten ihr auf den Fersen. Wir erlitten schmerzliche Verluste, 500 unserer Männer wurden getötet und 3000 verletzt. Aber von den Persern liegen mindestens 50 000 gefallen auf dem Schlachtfeld.

EUMENES

Makedonischer
Schild mit dem
Stern von Vergina

Das Qin-Reich
Das Reich der Qin-Dynastie lag im Tal des Gelben Flusses im Westen Chinas. Im 4. Jh. v. Chr. begann die Qin-Dynastie, sämtliche benachbarten Staaten zu erobern. 221 v. Chr. beherrschte sie den größten Teil Nord- und Zentralchinas.

Qin-China, 206 v. Chr.

Große Mauer am Ende der Han-Dynastie, 220 n. Chr.

0   500 km

Der erste Kaiser
Ying Zheng wurde 246 v. Chr. König von Qin. Als der mächtige Krieger China 221 v. Chr. zum ersten Mal vereinte, erklärte er sich zum Qin Shihuangdi, zum ersten Kaiser von China.

ANTIKE KRIEGER AUS

Terrakotta

Qin Shihuangdi, der erste Kaiser von China, war einer der größten Krieger der antiken Welt. Unter seinem Befehl vereinte die Qin-Armee im Jahr 221 v. Chr. zum ersten Mal die sieben verfeindeten Reiche Chinas. Um auch nach seinem Tod beschützt zu sein, ordnete er an, dass sein Grab von einer riesigen Armee bewacht werden sollte. Die über 7000 lebensgroßen Krieger wurden aus Terrakotta geformt, einer Art Ton. Nach dem Tod des Kaisers im Jahr 210 v. Chr. geriet das Grab in Vergessenheit und erst 1974 entdeckten Arbeiter die Krieger unter der Erde.

Waffen aus Bronze
Qin-Soldaten kämpften mit Schwertern und Speeren aus Bronze. Außerdem trugen sie Armbrüste, wirkungsvolle Waffen, die einem Bogen ähnelten und in China um 450 v. Chr. aufkamen.

Krummschwert

Speerspitze

Der General
Mächtige Generäle kommandierten die Qin-Krieger. Jeder General trug eine Rüstung, die bis zu den Knien reichte, und einen reich verzierten Kopfschmuck in der Form eines Fasanenschwanzes.

DIE CHINESISCHE MAUER

214 v. Chr. befahl der erste Kaiser den Bau einer Mauer entlang der nördlichen Grenze seines Reiches, um es vor nomadischen Kriegern aus dem Norden zu schützen. Die Mauer aus gestampfter Erde und Holz wurde schließlich mehr als 2400 km lang. Die Mauer, die man heute besichtigen kann, ist zum großen Teil von 1474. In diesem Jahr baute man sie aus Stein neu.

Über die Mauer
Nomadische Xiongnu aus dem Norden, auch Hunnen genannt, waren eine ständige Bedrohung für das chinesische Reich. Auf der Jagd nach Beute und Eroberungen ritten sie von den Grassteppen aus nach Süden.

WACHE STEHEN
Die Terrakottakrieger stehen zu viert nebeneinander in Gräben, die in vier große Gruben gezogen wurden. Die Gruben waren mit kleinen Ziegeln gepflastert und mit Schilfmatten und Erdschichten bedeckt. Alle Krieger stehen in Habachtstellung und blicken nach vorn, als würden sie gleich in die Schlacht ziehen.

Die Chinesische Mauer ist eine einzige Mauer mit Türmen und Festungen.

Knieender Bogenschütze
Dieser Bogenschütze hätte eine Armbrust in die Schlacht getragen. Rote Farbe wurde auf seiner Rüstung gefunden und sein Gesicht war einst fleischfarben bemalt. Einige der Bogenschützen aus Terrakotta hatten grüne Gesichter.

Streitwagen mit Pferdegespann
Vermutlich befinden sich in der Grabanlage ungefähr 130 Streitwagen und 520 Pferde aus Terrakotta, von denen viele jedoch noch nicht freigelegt wurden. Die zweirädrigen Streitwagen waren aus Holz und Bronzeverbindungen gefertigt und wurden von vier Pferden gezogen.

Die Fußsoldaten
Über 7000 Soldaten stehen in der Grabanlage. Ihre Gesichter wurden mithilfe acht unterschiedlicher Formen hergestellt. Durch Schnitzarbeiten bekamen sie individuelle Züge, sodass jeder Krieger anders aussieht.

scutum (gewölbter rechteckiger Schild)

Tödliche Waffen

Die Hauptwaffe des Legionärs war der lange, spitze *pilum* (Wurfspeer). Am Anfang einer Schlacht regneten Speersalven auf die Feinde nieder. Außerdem trug der Legionär ein Schwert und einen Dolch. Mit einem gewölbten rechteckigen Schild schützte er sich, mit dem eisernen Schildbuckel in der Mitte kämpfte er sich seinen Weg durch die feindlichen Linien frei.

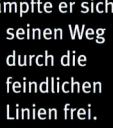

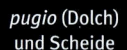

pilum (Wurfspeer)

gladius (Schwert) und Scheide

pugio (Dolch) und Scheide

	Das Römische Reich um 120 n. Chr.
	Provinzgrenzen
	Grenzwall

Hadrianswall
BRITANNIEN
London
Atlantischer Ozean
GALLIEN
HISPANIEN
ITALIEN
ROM
Schwarzes Meer
Athen
Karthago
Mittelmeer
Alexandria
ÄGYPTEN

0   500   1 000 km

Gewaltiges Reich

Am größten war das Römische Reich während der Herrschaft Kaiser Trajans im Jahr 117 n. Chr. Zu dieser Zeit war es in zwei Provinztypen unterteilt: Um die friedlichen Provinzen zu verwalten, ernannte der Senat Statthalter, während der Kaiser die Statthalter für die Grenzregionen und die militärisch bedrohten Gebiete bestimmte.

Römischer Zenturio

Römischer Zenturio

Ein Zenturio befehligte eine Zenturie, in der 80 bis 100 Legionäre dienten. Sechs Zenturien bildeten eine Kohorte mit ungefähr 480 Mann und 10 Kohorten eine Legion mit etwa 5200 Mann.

Waffen und Rüstungen

Ein Legionär ging gut geschützt in die Schlacht. Sein Körperpanzer war schwer, aber vermutlich innen wattiert und nicht unbequem. Sein Helm schützte den Kopf, die Wangen und den Nacken, ließ ihm aber freie Sicht. Rüstung, Waffen und Schild wogen insgesamt etwa 20 kg, hinzu kam ein Rucksack mit um die 15 kg. Ein Legionär musste trainieren, um so schwere Lasten über weite Strecken zu tragen.

Schützende Rüstung

Speere und Schwerter konnten nicht durch eine römische Rüstung dringen, zugleich war die Rüstung beweglich genug, um ihren Träger nicht zu behindern. Der Kopf war mit einem Helm, der Körper mit einem Panzer aus Eisen geschützt, Beine und Arme blieben unbedeckt.

Eisenhelm

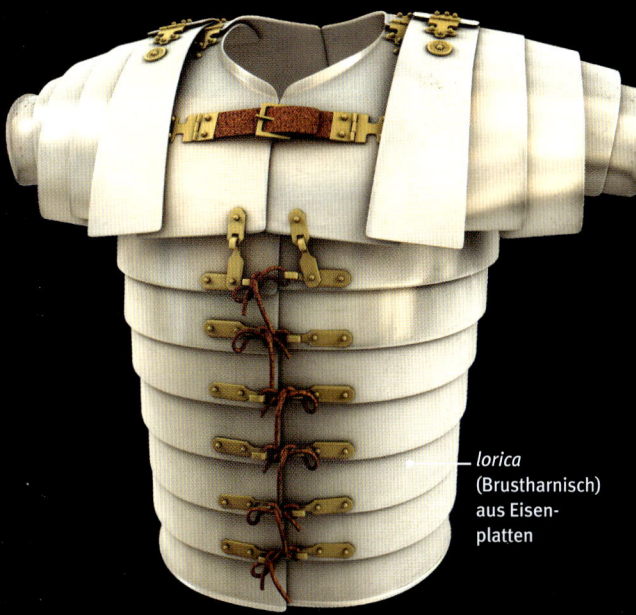

lorica (Brustharnisch) aus Eisenplatten

Oberkörperpanzer

Mit Eisennägeln verstärkte Sohlen

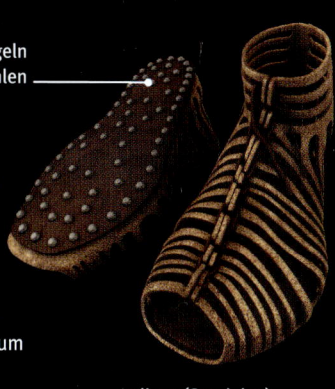

Auf dem Marsch

Ein römischer Legionär trug Sandalen, deren Sohlen mit Eisennägeln besetzt waren. In seinem schweren Rucksack waren Töpfe und Pfannen, eine Feldflasche, Proviant für drei Tage, Werkzeuge wie eine Spitzhacke zum Anlegen eines Lagers und persönliche Gegenstände.

caligae (Sandalen)

DER RÖMISCHE
Legionär

Die Legionäre Roms kämpften in der mächtigsten Armee der antiken Welt. Von Rom in Mittelitalien aus eroberten sie ein riesiges Reich. Es reichte von den Küsten des Mittelmeers im Westen bis zum Atlantik, im Norden bis Britannien und Germanien und im Osten bis zum Persischen Golf. Als gut ausgerüstete und hervorragend ausgebildete Krieger waren die Legionäre starke Gegner für die Barbaren, die das Römische Reich bedrohten.

Rom

Römischer Legionär
Die ersten Legionäre waren zwischen 16 und 46 Jahre alt. Sie kehrten nach Hause zurück, wenn der Kampf vorbei war. Ein Berufsheer wurde gegründet, als das Römische Reich größer wurde und mehr Schlachten ausfocht.

~ AUGENZEUGENBERICHT ~
EIN SOLDATENLEBEN

Nach meiner Ausbildung diene ich jetzt in der Legio X Gemina in Germania Inferior, unweit des Flusses Rhenus (Rhein). Diese Tiefebene ist von Flüssen durchzogen, deshalb haben wir gelernt, Boote zu bauen und sie zu einer Art Brücke zusammenzubinden, um an das andere Ufer zu gelangen. Mir gefällt das Legionärsleben, aber ich vermisse euch, meine Familie, und meine Freunde zu Hause im sonnigen Tarentum. Ich friere oft und werde nass, schickt mir also bitte warme Socken und vielleicht neue Sandalen.

CASSIUS, EIN *MILITUS*
(GEMEINER SOLDAT)

KAMPF GEGEN DIE KELTEN

Zu den stärksten und entschlossensten Feinden Roms gehörten die keltischen Stämme der Gallier, Iberer und Briten aus Westeuropa. Diese wilden, kriegerischen Völker stürzten sich mit Kriegsgeschrei und Getöse in die Schlacht. Bisweilen völlig nackt, kämpften sie zu Fuß, mit kurzen Schwertern und Lanzen und durch Schilde geschützt.

DIE KAISERSTANDARTE

Jede römische Legion zog mit einer Standarte in die Schlacht, die einen Adler aus Gold trug und die Initialen SPQR – *Senatus Populusque Romanus* –, »der Senat und das Volk von Rom«. Der Leitspruch weist darauf hin, wie die Römische Republik regiert wurde: Die Macht lag beim römischen Volk und Senat (Regierung). Das Motto wurde auch in der Kaiserzeit beibehalten, weil die Kaiser als Vertreter des Volkes angesehen wurden.

Goldene Standarte

Bronzeschwert mit lederumwickeltem Griff

Bronzehelm des Anführers mit Hörnern

Mit Bronze verstärkter Holzschild

Auf den Körper gemalte keltische Symbole

Locker sitzende Hosen mit leuchtend bunten Karos und Streifen

Keltischer Anführer
Keltische Krieger wurden von ihrem Anführer in die Schlacht geführt, einem adligen Krieger, der Respekt und Treue von ihnen verlangte. Manchmal trug er einen Helm mit Hörnern, um sich von seinen Männern zu unterscheiden.

Keltischer Krieger
Keltische Krieger kämpften zu Fuß und in großen chaotischen Gruppen. Sie stürzten sich in wilder Attacke auf die Römer, schleuderten ihre Speere und schlugen mit Schwertern und Messern um sich.

GESCHICHTEN BERÜHMTER
Krieger

Der Lauf der Geschichte wird häufig von großen Kriegsherren bestimmt. Diese Männer – und auch einige Frauen – befehligen riesige Armeen von manchmal Hunderttausenden. Das Leben der Soldaten, bisweilen auch das Leben ihres Volkes, liegt in ihren Händen. Sie spornen die Soldaten an, hart zu kämpfen, und entwickeln die für einen Sieg unerlässliche Taktik. Ein Sieg bringt ihnen großen Ruhm, eine Niederlage Verdammnis.

Dieses Mosaik zeigt Alexander beim Angriff auf den Perserkönig Dareios in der Schlacht bei Issos, 333 v. Chr.

RAMSES DER GROSSE
(1303–1213 V. CHR.)

Ramses war 66 Jahre lang Pharao von Ägypten und einer der größten Kriegsherren der Antike. 1274 v. Chr. kämpfte seine Armee gegen die geballte Streitmacht der Hethiter bei Kadesch in Syrien. Ramses II. kämpfte im Getümmel der Schlacht und gewann sie schließlich. 1259 schlossen die beiden Seiten Frieden und Ramses vermählte sich später mit einer hethitischen Prinzessin.

Ramses II. schießt Pfeile von seinem zweirädrigen Streitwagen aus, während ein Fahrer die Pferde lenkt.

HANNIBAL
(248–183 V. CHR.)

Im zweiten Punischen Krieg zwischen Karthago und Rom um die Kontrolle über die Länder an der Küste des Mittelmeers griff der karthagische General Hannibal Rom nicht vom Meer aus an, sondern überquerte in einem Überraschungsangriff die Alpen im Norden. In mehreren großen Schlachten brachte er den römischen Armeen große Verluste, konnte Rom jedoch nicht endgültig schlagen. Seine Soldaten wurden schließlich 202 v. Chr. bei Zama besiegt und Karthago musste sich ergeben.

Hannibal führte eine riesige Armee und 37 Elefanten über die verschneiten Pässe der Alpen, um die Römer zu überrumpeln.

ALEXANDER DER GROSSE
(356–323 V. CHR.)

Alexander, der mit gerade einmal 20 Jahren König von Makedonien in Nordgriechenland wurde, machte sich auf, die damals bekannte Welt zu erobern. Nachdem er das übrige Griechenland unterworfen hatte, setzte er 334 v. Chr. nach Asien über. In drei gewaltigen Schlachten besiegte er das Persische Reich des Dareios und dehnte seinen Machtbereich von Ägypten im Westen bis zu den Grenzen Indiens im Osten aus. Er starb mit 33 Jahren in Babylon.

Alexander sah sich als Gott und ist auf diesen Münzen mit den Hörnern des ägyptischen Gottes Amun dargestellt.

TIMUR LENK
(1336–1405)

Timur Lenk behauptete, ein Abkömmling des großen Mongolenherrschers Dschingis Khan zu sein, war aber tatsächlich ein in Zentralasien geborener türkischer Stammesangehöriger. Durch geschickte Kriegsführung und maßlose Grausamkeit gelang es ihm, ein neues Mongolisches Reich in West- und Zentralasien zu gründen – das Reich überlebte als Mogulreich in Indien bis 1857.

Timur Lenk wütete in Asien äußerst brutal, obwohl seine Hauptstadt Samarkand ein Zentrum der Bildung und Kultur war.

KUSUNOKI MASASHIGE
(1294–1336)

Kusunoki Masashige, der treueste der Samurai-Krieger im Japan des Mittelalters, diente Kaiser Go-Daigo. Als ein General den Kaiser verriet, empfahl Kusunoki ihm, die Hauptstadt Kyoto zu verlassen und auf dem Berg Hieizan Zuflucht zu suchen. Der Kaiser weigerte sich und erteilte Kusunoki den törichten Befehl, den General in einer offenen Schlacht herauszufordern. Kusunoki stimmte zu. Er wurde schnell besiegt und wählte lieber den Freitod, als sich zu ergeben.

Kusunoki Masashige, seinem Kaiser und Land treu ergeben, ist als der ideale Samurai-Krieger in die Geschichte eingegangen.

SHAKA ZULU
(CA. 1787–1828)

Die Zulu, eine Volksgruppe in Südafrika, waren Bauern und Viehhirten, bis Shaka 1816 an die Macht kam. Er rüstete seine Stammeskrieger mit einem *iklwa* aus, einem kurzen Stoßspeer, anstelle des längeren *assegai* (Wurfspeers) und zu ihrem Schutz mit schweren Schilden aus Kuhhaut. Seine neu aufgestellte Armee eroberte viele benachbarte Staaten und in Südafrika entstand ein großes und mächtiges Zulu-Reich.

Shaka Zulu war ein einfallsreicher militärischer Anführer, neigte aber auch zu großen Wutanfällen und Brutalität.

GERONIMO
(1829–1909)

Geronimo war der Kriegshäuptling der Apachen und focht unzählige Kämpfe gegen mexikanische und amerikanische Soldaten, die das Land des Indianerstammes besetzen wollten. Sein erstes Gefecht trug er 1858 gegen eine mexikanische Streitmacht aus und wurde schnell berühmt für seinen Wagemut. 28 Jahre lang entging er der Festnahme, 1886 stellte er sich und wurde gefangen genommen.

Geronimo kämpfte bis zu seiner Gefangennahme für sein Volk und wurde im Alter zu einer Berühmtheit.

NAPOLEON BONAPARTE
(1769–1821)

Der junge Offizier Napoleon Bonaparte machte sich während der Französischen Revolution einen Namen. Er erhielt das Kommando über die französischen Revolutionsarmeen und gewann mit einer Mischung aus Wagemut, überlegener Strategie und taktischen Fähigkeiten fast alle 50 Schlachten, die er gegen die großen europäischen Nationen schlug. Die Briten und Preußen besiegten ihn schließlich 1815 bei Waterloo.

Napoleon kam auf der Mittelmeerinsel Korsika zur Welt und stieg 1799 zum Herrscher und 1804 zum Kaiser Frankreichs auf.

AUFSTAND DER TAPFEREN KÖNIGIN BOUDICCA GEGEN ROM

Kriege werden vor allem von Männern ausgetragen. Aber auch einige Frauen haben sich auf dem Schlachtfeld hervorgetan. Eine der erfolgreichsten war Boudicca, Königin der Icener, eines keltischen Stamms in England. Da sie ihr Königreich nicht den Römern überlassen wollte, führte sie einen großen Aufstand gegen deren Herrschaft an. Gegen die hervorragend organisierte römische Armee kam sie jedoch nicht an. Sie wurde schließlich im Jahr 60 oder 61 n. Chr. besiegt und vergiftete sich, um nicht in Gefangenschaft zu geraten. Möglicherweise starb sie aber auch an einer Krankheit.

Boudicca war eine furchterregende Anführerin und lenkte ihren gewaltigen Streitwagen gegen die römischen Eroberer.

SCHICHTBAUWEISE

Die besten Schwerter wurden aus Materialien geschmiedet, die unterschiedlich hart waren, damit sie scharf und zugleich biegsam genug waren, um im Kampf nicht zu brechen oder zu splittern. Das gelang, indem man Schichten von Stahl um einen weichen Eisenkern schmiedete oder Stränge unterschiedlicher Materialien umeinanderdrehte. Japanische Schwertschmiede stellten feinste Schwerter her. Damit die Klinge biegsamer wurde, bedeckten sie deren Rücken mit Ton. Während des wiederholten Löschens mit Wasser kühlte so der Rücken der Klinge langsamer aus als die scharfe Schneide.

Superschwert Dieses japanische Samurai-Schwert aus dem 15. Jh. hat eine harte Schneide bei einem weicheren Klingenrücken und Kern.

DIE KUNST DES
Schwertschmiedens

Im Mittelalter war ein Krieger nur so gut wie sein Schwert. Das Schwert durfte weder spröde noch stumpf sein. Um ein gutes Schwert herzustellen, müssen die Materialien für die Klinge richtig kombiniert werden. Im Mittelalter bestanden Schwertklingen aus Stahl, einer Legierung (Mischung) aus Eisen und Kohlenstoff. Eisen ist elastisch und bricht daher nicht so schnell, aber auch weich, deshalb würde eine Klinge aus reinem Eisen schnell stumpf werden. Durch die Zugabe von Kohlenstoff wird das Eisen zu Stahl gehärtet. Dieses neue Metall behält zwar seine scharfe Schneide, bricht aber leichter als Eisen. Eine Kombination aus Stahl und Eisen schuf das perfekte Schwert mit scharfer, aber biegsamer Klinge.

DER SCHWERTSCHMIED

Ein gutes Schwert zu schmieden war eine Kunst, die mühsam erlernt werden musste. Der Schwertschmied konnte weder Lehrbücher noch präzise Temperaturanzeiger oder andere Messgeräte zu Hilfe nehmen. Stattdessen musste er sich auf seine jahrelange Erfahrung und sein Gefühl für die Materialien verlassen, um allmählich aus dem rohen Stahl und Eisen ein Schwert entstehen zu lassen.

1 Der Schwertschmied schmilzt Eisenerzklumpen und mischt sie mit einer winzigen Menge Kohlenstoff. Der geschmolzene Stahl wird dann in eine Gussform gegossen.

2 Dann hämmert der Schwertschmied die Klinge auf einem Eisenamboss oder Holzblock in Form.

Amboss aus Eisen, manchmal mit Stahl überzogen

Eine Schmiede im Mittelalter
In einer Schmiede gab es einen Ofen, um Eisenerz zu schmelzen, und neben anderen Werkzeugen einen Amboss, um die Klinge zu formen. Die Schmiede war ein heißer und lauter Arbeitsplatz.

3 Um sie besser formen zu können, erhitzt er die Klinge erneut, bis sie rot glüht, und hämmert sie dann in die richtige Form und Größe.

Das heiße Schwert fasst der Schwertschmied mit Zangen an.

Luft wird durch einen von Hand betriebenen Blasebalg in das Feuer geblasen, um die Glut anzufachen.

6 Die Klinge ist fertig. Nun müssen Griff, Parierstange und der Knauf am Ende befestigt werden.

5 Ist die Klinge geformt, wird sie mit sich langsam drehenden Schleifsteinen geschliffen und poliert, um die Schneiden und die Spitze zu schärfen.

Schmiedeamboss

4 Um die Klinge zu stärken und zu härten, erhitzt der Schwertschmied sie mehrmals und kühlt sie dann in kaltem Wasser.

JAPANISCHE KRIEGER:
Die Samurai

Die Samurai waren die Elitekrieger Japans. Sie traten zuerst als Diener des japanischen Kaisers im 8. Jh. in Erscheinung, entwickelten sich aber zu einer Kriegerkaste, in der jeder seinem Clan oder seiner Familie diente. Nach den Gempei-Kriegen von 1180 bis 1185 hatte der Kaiser nur noch eine repräsentative Funktion und die Samurai unter der Führung der Shogune wurden zu den Herrschern Japans. In blutigen Bürgerkriegen kämpften die Clans um Land und Macht. Die Samurai waren hervorragende Schwertkämpfer. Sie traten in Einzelkämpfen gegeneinander an, für die es strenge Regeln gab. Ab dem 17. Jh. verloren die Samurai ihre Macht, behielten aber bis 1876 ihre zeremonielle Funktion.

Japan

Gekrümmte Lanze
Die *naginata* oder gekrümmte Lanze hatte einen langen Holzschaft mit einer gekrümmten Metallklinge am Ende. Der Schaft war ungefähr so lang, wie sein Träger groß war, und die Klinge ragte weitere 90 cm in die Höhe.

Kurzschwert
Die Klinge des *wakizashi* oder Kurzschwerts war 30–60 cm lang. Es gab unterschiedliche Formen und Verzierungen. Es wurde oft zusammen mit dem längeren Schwert, dem *katana*, getragen.

DER KODEX DER SAMURAI

Die Samurai lebten nach einem strengen Gesetz, bekannt als *bushido*, der Weg des Kriegers. Der Kodex verlangte absolute Treue, Selbstbeherrschung, Zurückhaltung und ehrenhaftes Verhalten. Hatte sich ein Samurai unehrenhaft verhalten oder war er besiegt worden, konnte er seine Ehre durch den *seppuku*, eine rituelle Form des Freitods, wiederherstellen. Der Samurai schnitt sich mit einem Messer den Bauch auf und wurde dann von einem Gehilfen enthauptet.

Bushido verpflichtet
Diese Illustration erzählt die Geschichte der 47 Ronin, einer Gruppe von Samurai, die gemeinsam *seppuku* begingen, nachdem sie den Tod ihres Herrn gerächt hatten.

KAMPFBEREIT
Ein Samurai trug ein Kampfgewand, das seinen hohen gesellschaftlichen Rang widerspiegeln und den Feind einschüchtern sollte. Er besaß ein Lang- und ein Kurzschwert. Beide waren aufwendig gearbeitet und hatten harte Klingen mit scharfen Schneiden. Mit einem Abwärtsschlag griff er seinen Gegner an, feindliche Stöße wehrte er mit dem Rücken des Schwerts ab.

Das Geweih auf den Helmen sollte den Feind einschüchtern.

fukigayeshi (Schläfenschutz), reich verziert mit vergoldeten Drachen und anderen Bildern.

Wattierte *sode* (Schulterplatte)

do (Brustplatte) aus Metall, reich

Quasten

kote (Armschutz)
aus Metall-
platten und
Kettengliedern

Gepolsterter
kusazuri zum
Schutz des
Oberschenkels

Samurai-Langschwert

Das *katana* oder Langschwert
war mehr als 60 cm lang und hatte
einen großen *tsuka* (Schaft), sodass es
mit beiden Händen gehalten werden
konnte. Nur Samurai durften ein
Langschwert tragen.

Samurai zu Pferd

Berittene Samurai kämpften mit Langbogen und bewahrten die Pfeile
in einem über der Schulter getragenen
Köcher auf. Außerdem trugen sie ein
katana (Langschwert) für den Nahkampf.

Samurai-Rüstung

Die Samurai-Rüstung war robust
genug, um ihren Träger in der Schlacht
zu schützen, und zugleich so leicht,
dass sie ihn nicht hinderte, sein Schwert
schnell und geschickt einzusetzen.
Sie war gefertigt aus Metall- oder
Lederplatten und Bambusstreifen,
die mit Seiden- oder Lederbändern verbunden wurden.

Metallspitze
mit kunstvollen
Mustern

suneate zum
Schutz des
Schienbeins

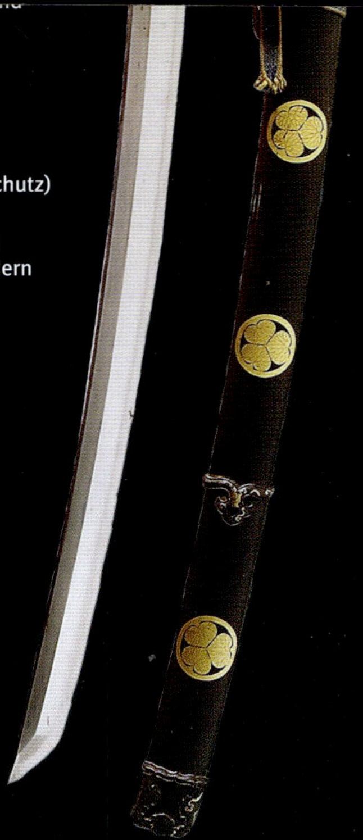

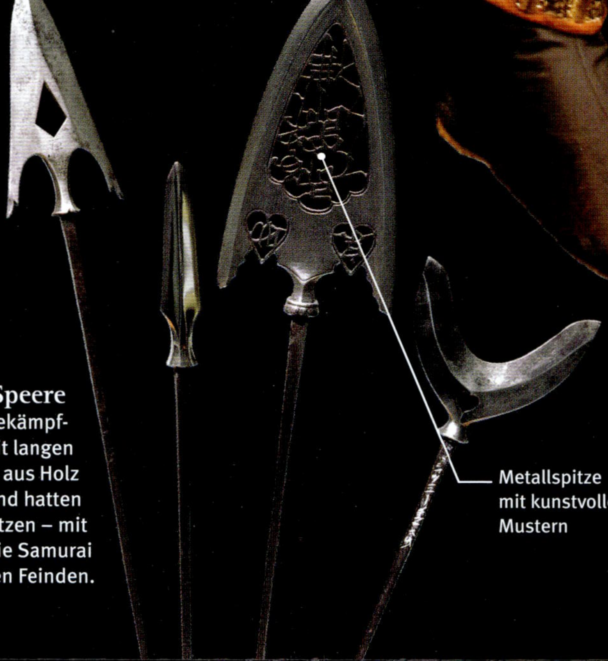

Samurai-Speere

Samurai-Krieger bekämpf-
ten sich auch mit langen
Speeren. Sie waren aus Holz
oder Bambus und hatten
verzierte Metallspitzen – mit
ihnen stießen die Samurai
nach ihren Feinden.

Stichblätter

Die *tsuba*, die metallene
Scheibe zwischen Griff
und Schwert, schützte
die Hand und war oft
reich verziert mit Edel-
steinen und goldenen
oder silbernen Einlagen.

Schützen

Die Einführung von Feuerwaffen durch die
Portugiesen in Japan im Jahr 1543 gab den
Samurai eine neue Waffe in die Hand.
Große Armeen Gewehre tragender Samurai
bekämpften sich. Als im 17. Jh. in Japan der
Frieden wiederhergestellt wurde, hatten die
Samurai keine militärische Funktion mehr,
sondern nur noch zeremonielle Aufgaben.

Das Rabenbanner

Der Rabe war das Symbol des einäugigen nordischen Kriegsgottes Odin. Er besaß zwei Raben, Hugin (»der Gedanke«) und Munin (»die Erinnerung«), die ihrem Herrn von den Ereignissen in der Welt berichteten. Odins nordische Krieger führten ein dreieckiges Banner mit dem Abbild eines Raben in die Schlacht, um ihre Feinde einzuschüchtern.

Der Schildwall

Waren sie gezwungen, in einer Schlacht gegen ihre Feinde anzutreten, bildeten die Wikinger hinter ihren Schilden eine lange Reihe und richteten ihre Speere durch die Lücken im Schildwall nach vorn.

NORDISCHE KRIEGSGÖTTER

Die Wikinger verehrten viele verschiedene Götter, die alle einen anderen Charakter besaßen. Odin, der Hauptgott und Gott des Krieges und der Weisheit, besaß viele außergewöhnliche und eigenartige Kräfte. Thor, der Donnergott, war mächtig, aber zugleich aufbrausend und nicht sehr klug. Freya, die wichtigste weibliche Gottheit, war die Göttin der Fruchtbarkeit. Starben Krieger auf dem Schlachtfeld, wählten die Walküren – kriegerische Frauen – die Tapfersten unter ihnen aus und trugen sie ins Walhall, Odins Halle. Hier wurden sie als große Helden gefeiert und saßen an Odins Tafel.

Dieser Runenstein zeigt die Götter Odin, Thor und Freya.

Wikinger hinter ihrem Schildwall

Axtattacke

Ihre kleine Streitaxt konnten die Krieger mit einer Hand schwingen, für die lange, breite Axt brauchten sie beide Hände. Mithilfe einer *skeg*, einer Axt mit Haken, versuchten sie, dem Feind den Schild zu entreißen.

Aufgespießt

Angreifende Wikinger warfen oder stießen mit langen Holzspeeren nach ihren Feinden. Nur für die Spitzen wurde Stahl benötigt. Das war wichtig, denn Stahl war immer knapp, ein zerbrochener Holzschaft hingegen konnte leicht ersetzt werden.

Langer Holzschaft

EINE FURCHT EINFLÖSSENDE ARMEE:
Wikinger im Kampf

Schiffe mit Hunderten von Wikingern verwüsteten vom 8. bis zum 11. Jh. die Küsten der Britischen Inseln, Frankreichs und der Mittelmeerländer. Anfangs begingen die Wikinger Raubüberfälle und zogen sich nach dem Angriff wieder zurück. Mussten sie sich jedoch einem Kampf stellen, boten sie einen furcht-erregenden Anblick. In dichten Reihen stürmten sie mit grässlichem Gebrüll gut geschützt hinter ihren Schilden vom Strand nach vorn, stießen und stachen mit ihren Lanzen und Messern, schwangen ihre Schwerter und hackten mit ihren Streitäxten.

DIE SCHLACHT VON MALDON

Im Jahr 991 landeten Wikinger, angeführt von Olaf Tryggvason, dem zukünftigen König Norwegens, auf Northey Island vor der Ostküste Englands. Bei Ebbe versuchten sie, das Festland zu erreichen, wurden aber von einer großen angelsächsischen Armee unter Byrhtnoth, dem Earl of Essex, daran gehindert. Schließlich ließ Byrhtnoth die Feinde doch an Land kommen, um den Kampf aufnehmen zu können. In der Schlacht wurde er getötet und seine Männer ergriffen die Flucht.

NORTHUM-BRIA

MERCIEN OST-ANGLIEN

Maldon

WESSEX

Die Bogenschützen
Bei den Wikingern begannen die geübten Bogenschützen die Schlacht mit einem Pfeilhagel. Andere Krieger warfen kurze Speere oder schleuderten kleine Steine mit ihren Steinschleudern.

Streitaxt mit Stahlklinge

DIE BERSERKER

Obwohl in der nordischen Literatur viele Hinweise auf diese wilden Männer zu finden sind, bezweifeln einige Historiker, dass es sie gegeben hat. Vor der Schlacht steigerten sich die grimmigen Krieger in Raserei. In diesem Zustand spürten die Berserker weder Schmerz noch Furcht. Mit grauenrregenden Schreien und nichts als Wolfs-oder Bärenfellen auf dem nackten Leib stürzten sie sich auf den Feind.

Grauenvoll Die Berserker waren unter den Wikingern am meisten gefürchtet.

DER SCHRECKEN VOM MEER:
Kriegerische Wikinger

Vom späten 8. Jh. an bedrohten heidnische Nordmänner, die Wikinger, die Siedlungen und Städte im christlichen Europa. Bei ihren Überfällen auf die Küstengebiete waren sie zuerst lediglich auf Beute aus – auf Gold, Silber, und Sklaven –, später ließen sie sich auch nieder, weil ihr eigenes Land sie nicht mehr ernähren konnte. Die Wikinger waren Furcht einflößende Krieger und töteten jeden, der sich ihnen in den Weg stellte. Sie waren auch hervorragende Schiffs-bauer und Handwerker und großartige Händler. Sie befuhren die Meere mithilfe einfacher Navigationsmittel und ihres Wissens über die Sonne, die Sterne, den Wind, die Gezeiten, die Seevögel und den Wellengang.

Skandinavien

Furchterregende Schiffe
Ein Wikingerschiff unter vollen Segeln sah beängstigend aus. Mit blutdürstigen Kriegern an Bord näherte es sich mit großer Geschwindigkeit der Küste und versetzte die Menschen an Land in Angst und Schrecken.

Die Galionsfigur am Bug sowie der Achtersteven am Heck konnten bei Bedarf wahrscheinlich ausgetauscht werden.

Drachen-Galions-figur, aus hellem Kiefernholz geschnitzt und bemalt

WELTREISENDE

Die Wikinger waren weit entfernt von ihrer Heimat, dem heutigen Norwegen, Schweden und Dänemark, unterwegs. Die aus Schweden kommenden Nordmänner fuhren gen Osten nach Russland und von dort die großen Flüsse hinunter bis ins Schwarze und Kaspische Meer im Süden. Die Einheimischen nannten sie die »Rus«, daher stammt der heutige Name Russland. Die Wikinger aus Norwegen und Dänemark segelten nach Westen. Sie griffen England, Irland und Nordfrankreich an und ließen sich später dort nieder. Äußerst wagemutig segelten sie sogar über den Nordatlantik nach Island, Grönland und um 1000 Vinland, dem heutigen Neufundland in Nordamerika.

GRÖNLAND

0 500 1000 km

Godthåb

Julianehåb   ISLAND

VINLAND   Reykjavik   Trondheim   Staraja Ladoga   Bulgar

L'Anse aux Meadows   Birka   Nowgorod

Atlantischer Ozean   Kaupang   Gnezdowo   KIEWER RUS

York   Hedeby   Kiew

Dublin   Hamburg

London   Paris   HEILIGES   Schwarzes Meer

Noirmoutier   RÖMISCHES REICH

Konstantinopel   BYZANTINISCHES REICH

Rom

Lissabon   Sevilla   *Mittelmeer*

WIKINGERSIEDLUNGEN
- Vor 800
- 800–900
- 900–1000
- 1000–1100
- → Reise-/Handelswege
- • Wikingersiedlungen

Navigationswerkzeuge
Die Wikinger benutzten möglicherweise einen primitiven Kompass, die sogenannte Peilscheibe, um die Position ihres Schiffes zu bestimmen. Mittags wurde die als Süden markierte Kerbe auf der Scheibe auf einen Punkt am Horizont, direkt unter-halb der Sonne, ausgerichtet. Dann bestimmte der Navigator den Kurs für den Tag.

Die Segel wurden aus Leinen- oder Wollstreifen genäht.

Die Segel waren häufig blutrot gefärbt, um den Feind einzuschüchtern.

DAS GRABSCHIFF VON OSEBERG

Die Wikinger begruben ihre Anführer in deren Langschiffen, damit diese im Jenseits ins Walhall segeln konnten, in die Halle der toten Krieger. Das besterhaltene Grabschiff wurde in Oseberg in Südnorwegen gefunden. Wikinger hatte es im 9. Jh. vergraben, zusammen mit Schlitten, einem Wagen, Holztruhen, Kleidung und anderen Gegenständen für die Reise ins Jenseits.

Im Grabhügel gefundene verzierte Drachen-Galionsfigur

Gut erhalten Das eichene Oseberg-Schiff wurde durch den morastigen blauen Lehm konserviert, in dem die Wikinger es vergraben hatten. Es steht heute restauriert in einem Museum.

Gerudert wurde, wenn der Wind abflaute oder sich das Schiff der Küste näherte.

Schild zum Schutz des Kriegers

UNTER VOLLEN SEGELN

Das lange Kriegsschiff der Wikinger wurde von einem einzigen Segel angetrieben, bei Windstille und flussaufwärts ruderten es bis zu 50 Mann. Das Schiff war flach genug, um am Strand landen zu können, sodass die Krieger ihre Pferde und Gepäcklasten einfach an Land bringen konnten. Ein Kriegsschiff wurde aus Esche, Eiche und anderen einheimischen Hölzern gebaut und konnte bis zu 28 m lang sein.

Landestelle

Northey Island lag im Gezeitenfluss Blackwater. Mit dem Festland von Essex war die Insel durch eine Landbrücke verbunden, die bei Flut überspült wurde. Die Wikingerflotte ankerte vor der Insel und die Krieger gingen an Land. Sie konnten die Insel jedoch nicht ungehindert verlassen, da die angel-sächsische Armee das Ende der Land-brücke auf dem Festland bewachte.

DIE WAFFEN DER WIKINGER

Die Hauptwaffe der kriegerischen Nordmänner war der Lang-speer. Sie waren außerdem mit kürzeren Speeren gerüstet, die sie auf die feindlichen Reihen schleuderten, und durch Schilde geschützt. Die Krieger kämpften zudem mit unterschiedlich langen Äxten und kürzeren Messern, ein paar mit Schwertern. Da Metall Mangelware und Stahl sehr selten war, bestanden die meisten Waffen aus Holz und die Klingen und Spitzen aus stahlverstärktem Eisen. Nur die wohlhabendsten Wikinger trugen eine Rüstung. Die übrigen mussten sich mit Mänteln oder Tuniken aus gepolstertem Leder oder Rentierfell begnügen.

Streitaxt

sax, einschneidiges Hiebschwert

Zweischneidiges Schwert

Handwaffen Die Waffen der Wikinger waren einfach, aber wirkungsvoll, vor allem, wenn ein großer, starker Krieger sie einsetzte.

Helm aus vier mit Metallbändern verbundenen Stahlplatten

Die Jarls

Die Aristokraten der Wikinger-Gesellschaft, die Jarls, schuldeten ihrem König oder Stammesführer Treue und beschützten ihn bei einer feindlichen Invasion. Die Jarls lehrten junge Krieger zu rauben und zu kämpfen und durften außerdem Steuern erheben, um ihre riesigen Ländereien zu unterhalten.

Griffbereite Waffen

Ein nordischer Krieger trug seine kurze Axt hinter dem Schild und löste sie zum Kämpfen. Da er für die längere Breitaxt beide Hände benötigte und so keinen Schild tragen konnte, um sich zu schützen, benutzte er sie nur für kurze Zeit im Nahkampf.

Aufwendiges Kunsthandwerk

Waffen wie die Klingen von Äxten und Speeren, aber auch die Axtgriffe wurden häufig mit Gravuren reich verziert. Die Schilde leuchteten in bunten Farben. Die bemerkenswert kunstvollen Verzierungen waren ein Zeichen für Wohlstand und Status des Besitzers.

Axtkopf mit komplizierten eingravierten Mustern

Die Angelsachsen

Germanische Stämme fielen im 5. Jh. in Britannien ein und ließen sich dort nieder. Ihre Nachfahren, die angel-sächsischen Völker, vereinten England zu Beginn des 9. Jh. – dennoch war das Land 200 Jahre lang den ständigen Angriffen der Wikinger ausgesetzt.

Die Bondi

An der Spitze der Gesellschaft der Wikinger standen der König oder Anführer und seine Edelleute, die Mitte bildeten die freien Bondi und die unterste Schicht bestand aus einer großen Schar von Sklaven, die schwere Arbeiten erledigten. Die Bondi waren Landbesitzer und Bauern und stellten bei Raubzügen und Schlachten den Großteil der Krieger.

ANGRIFF AUS DER STEPPE:
Mongolische Reiter

Zu Beginn des 13. Jh. fegte eine neue Kraft durch Asien und Europa. Die Krieger aus den Grassteppen der Mongolei ritten kleine, kräftige Pferde und kämpften mit großer Grausamkeit. Unter Dschingis Khan und dessen Nachfolgern fielen sie in China ein, stürmten durch Zentralasien und Russland und griffen sogar Mitteleuropa an. In kurzer Zeit errichteten sie ein riesiges Reich, das sich von Korea im Osten bis nach Ungarn im Westen erstreckte.

Mongolei

Mongolische Bogenschützen zu Pferde
Die Hauptwaffe der mongolischen Reiter war der starke Bogen aus Horn, Holz und Sehnen, den festen Bändern, die Muskeln eines Tieres mit seinen Knochen verbinden. Die Pfeile wurden mit einem Lederband gesichert in einem Köcher oder einem anderen Behälter aufbewahrt, den der Reiter über der Schulter trug.

KÖNIG DER KRIEGER

Nomadische Mongolenstämme wählten 1206 in einer *kuriltai* (Versammlung) Temujin als Anführer. Temujin, der sich Dschingis Khan nannte, fiel 1211 in Nordchina ein und 1219 in Zentralasien, bevor er 1227 starb. Seine Nachfolger, die Großkhans, eroberten Russland und Osteuropa, nahmen Bagdad im heutigen Irak ein und eroberten 1279 China. Das mongolische Reich begann im 14. Jh. auseinanderzubrechen.

Dschingis Khan war ein erfahrener Krieger, dem es gelang, die verfeindeten mongolischen Stämme unter seiner Führung zu vereinen.

MONGOLISCHE KAVALLERIE
Mongolische Krieger nahmen an Jagden teil, bei denen sie ihre Beute erst einkreisten und dann töteten. Auf diese Weise lernten sie, dicht gedrängt in einer Gruppe zu reiten und schnell zu reagieren. Diese Fähigkeiten waren in der Schlacht unerlässlich.

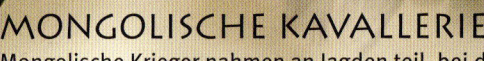

Mongolenhelm
Mongolische Helme bestanden meistens aus Eisen, manchmal aus Leder und waren zum Schutz gepolstert. Die Metallplatten der Eisenhelme wurden mit Metallstreifen verbunden. Die Streifen der Lederhelme waren mit ledernen Bändern zusammengenäht.

Die Kuppelform lässt Schläge abgleiten.

Bewegliche Platten aus Leder schützen den Hals.

Krieger kämpften mit Lanzen und Schwertern, aber auch mit Pfeil und Bogen.

In den locker sitzenden, wattierten Jacken aus Lederstreifen konnten sich die Krieger gut bewegen.

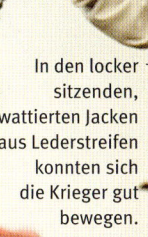

Kleine, robuste Pferde

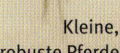

KRIEGER IM SATTEL

Wildpferde wurden erstmals vor ungefähr 4500 Jahren in der Ukraine gezähmt. Anfangs wurden sie eingesetzt, um landwirtschaftliche Karren und andere Fahrzeuge zu ziehen, erst später ritten Krieger auf ihnen in die Schlacht und sie zogen Streitwagen. Viele berühmte Krieger kämpften auf Pferden. Anfang des 20. Jh. wurden die Tiere in Schlachten von Motorfahrzeugen wie Panzern abgelöst.

Die Konquistadoren
Im 16. Jh. zogen die spanischen Konquistadoren, die Eroberer der Azteken- und Inkareiche in Zentral- und Südamerika, auf Pferden in die Schlacht. Die Tiere erschreckten ihre Gegner, hatten diese doch noch nie Pferde gesehen.

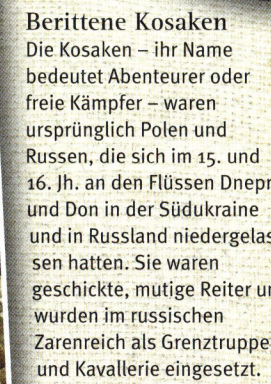

Berittene Kosaken
Die Kosaken – ihr Name bedeutet Abenteurer oder freie Kämpfer – waren ursprünglich Polen und Russen, die sich im 15. und 16. Jh. an den Flüssen Dnepr und Don in der Südukraine und in Russland niedergelassen hatten. Sie waren geschickte, mutige Reiter und wurden im russischen Zarenreich als Grenztruppen und Kavallerie eingesetzt.

Sioux-Krieger
Die Sioux-Indianer lebten im Norden der Great Plains in den heutigen USA. Sie kauften Pferde von europäischen Siedlern und Händlern für die Jagd auf Büffel und andere Tiere. In den Kriegen des 19. Jh. kämpften die Sioux mit großer Tapferkeit gegen die US-Kavallerie und gegen Siedler, die in ihr Land eindrangen. 1890 wurden sie besiegt.

KRIEGER IN
mobilen Einheiten

E in Krieger kämpft erfolgreicher, wenn er sich auf dem Schlachtfeld schnell und gut bewegen und den Gegner so mit seinen Aktionen überrumpeln kann. In der Antike benutzten Ägypter, Hethiter und Assyrer zweirädrige, mit zwei Pferden bespannte Streitwagen, während der Feldherr Hannibal aus Karthago und die Inder eroberndem Moguln mit Elefanten kämpften. Moderne Krieger ziehen in Panzern und anderen motorisierten Fahrzeugen in den Krieg. Kriegsfahrzeuge zu manövrieren erfordert Geschicklichkeit, ob es sich um Tiere oder Maschinen handelt. Der kommandierende General muss ihre Aufstellung sorgfältig planen, damit sie sich nicht in die Quere kommen. Ein durch den Lärm und den Rauch auf dem Schlachtfeld in Panik geratener, fliehender Elefant konnte den Soldaten in den eigenen Reihen großen Schaden zufügen.

Mogulreich

KRIEGSELEFANTEN DER MOGULN

Die Moguln aus Zentralasien fielen 1526 in Indien ein und errichteten schnell ein großes Reich im Norden und in der Mitte des Landes. Sie waren geschickte Reiter, hatten aber auch Kriegselefanten. Der Anblick einer anstürmenden Horde durch Rüstung gut geschützter Elefanten reichte oft schon aus, die Feinde zu verschrecken und den Moguln zum Sieg zu verhelfen.

DIE ZEIT DES STREITWAGENS

P ferde wurden im 2. Jahrtausend v. Chr. erstmals als Schlachtrösser eingesetzt. Ab etwa 1500 v. Chr. begann man, sie vor zweirädrige Streitwagen zu spannen. Diese leichten Wagen mit einem Lenker und einem Bogenschützen konnten bis zu 40 km/h schnell fahren. In der Schlacht bei Kadesch in Syrien, 1274 v. Chr., trafen die Ägypter mit 2000 Streitwagen auf etwa 3500 der Hethiter. Trotzdem siegten die Ägypter.

Ägyptischer Streitwagen

Körperrüstung
Der Mahut und andere Soldaten auf dem Rücken des Elefanten trugen Kettenhemden mit einem Brustpanzer. In einige dieser Panzer waren Elefanten und andere Bilder gepunzt.

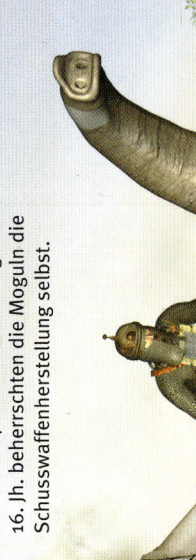

Der Schütze
Die Moguln schossen mit Musketen, die osmanische Türken und portugiesische Händler importiert hatten. Gegen Ende des 16. Jh. beherrschten die Moguln die Schusswaffenherstellung selbst.

Der Mahut
Der Mahut war der Führer des Elefanten und konnte das gesamte Schlachtfeld überblicken. Er schickte Verstärkung dorthin, wo sie am dringendsten gebraucht wurde.

Helme aus Kettenpanzer und überlappenden, beweglichen Platten

Der Bogenschütze
Er schoss seine Pfeile auf die angreifenden Soldaten und konnte von oben genau zielen.

Eine leichte Rüstung schützt den Elefanten.

Die Waffen der Moguln

Die Moguln kämpften mit vielen verschiedenen gekrümmten und geraden Schwertern, Dolchen, Streitäxten, Speeren, Pfeil und Bogen sowie Lanzen. Mit kleinen runden Schilden schützten sie sich gegen feindliche Angriffe.

Die Feinde der Moguln

Die von den Feinden der Moguln, vor allem vom Sultan von Delhi, ins Feld geschickten Armeen waren häufig größer als die der Moguln, es mangelte ihnen aber an Disziplin und guter Führung. Unterstützt von Musketen- und Kanonenfeuer, verringerten die Bogenschützen der Moguln häufig die Zahl ihrer Feinde drastisch.

Eisenklingen an den Stoßzähnen des Elefanten

EINE GEHEIMNISVOLLE KUNST:
Die Ninja

kunai
(Vielzweck-
waffe)

Die Ninja *(shinobi)* aus Japan waren gut ausgebildete Auftragsmörder, die heimlich und oft in tiefster Nacht operierten. Als Meister der Schwarzen Künste und Spionage, Unterwanderung und Sabotage drangen sie ungesehen in Gebäude ein, schlichen sich an ihre Feinde heran und griffen sie völlig überraschend an. Sie töteten blitzartig und ohne Gnade und verschwanden so schnell, wie sie gekommen waren. Ihre Fähigkeiten als Geheimagenten machten sie zu gefährlichen Gegnern.

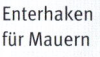

Japan

Der Mann in Schwarz
Ein Ninja trug nur wenig bei sich, um ungehört und ungesehen steile Mauern zu erklimmen und in Gebäude einzudringen. Schwarz gekleidet und mit wenigen wichtigen Waffen und Werkzeugen ausgerüstet, verschmolz er mit den Schatten. Geschicklichkeit, Intelligenz und Mut waren seine wichtigsten Eigenschaften.

FAKT ODER MYTHOS?
Wahrscheinlich gab es die ersten Ninja im 14. Jh. Die Geheimagenten mächtiger Kriegsherren, der *daimyo*, wurden für Attentate, Spionage, Sabotage und Terror eingesetzt. Da sie im Verborgenen wirkten, ist die Wahrheit über sie nur schwer herauszufinden, und viele Geschichten über ihre Taten sind wohl Legenden.

Enterhaken
für Mauern

HISTORISCHE ATTENTÄTER

Nicht nur die Ninja setzten Mord als Waffe ein. Ein veraltetes Wort für Meuchelmörder ist »Assassine«. Die Assassinen waren eine islamische Sekte im Mittelalter, die für einen islamischen Gottesstaat kämpfte. Sie nutzten Meuchelmord und Intrigen als Waffen, eroberten Festungen und verwundeten sogar Edward I., den zukünftigen König von England, mit einem vergifteten Dolch. In jüngerer Zeit, vom 17. bis zum 19. Jh., trieben die Thuggees als Bande von Meuchelmördern in Indien ihr Unwesen. Sie beraubten und ermordeten Reisende.

Thuggees ermorden einen Reisenden.

Werkzeuge der Ninja
Ninja hatten mehrere Werkzeuge bei sich. Viele davon halfen ihnen dabei, hohe Mauern zu überwinden und in Gebäude einzudringen. Die Werkzeuge waren leicht und am Gürtel des Ninja befestigt, damit er sie schnell zur Hand hatte. Im Handbuch *Bansenshukai* aus dem 17. Jh., das von vielen Ninja studiert wurde, steht allerdings, dass »ein erfolgreicher Ninja nur ein Werkzeug für viele Aufgaben braucht«.

Wurfhaken, um Seile an hohen Mauern zu befestigen

ashiko (Metalldornen für die Füße) für besseren Halt an Mauern

shoku (Metalldornen für die Hände) für besseren Halt an Mauern

Ninja-Rüstung

Die Ninja wollten nicht auffallen und gingen ihrem Geschäft deshalb meist in Zivilkleidung nach. Einige trugen schwarze Sachen, um bei Nacht nicht gesehen zu werden. Es gab wahrscheinlich auch Ninja mit einer Rüstung, die derjenigen der japanischen Samurai-Krieger ähnelte. Ihre Leder- oder Metallplatten wurden mit Bändern aus Leder oder Seide zusammengehalten.

Leder- oder Metallplatten werden mit Bändern am Panzer befestigt.

~ AUGENZEUGENBERICHT ~
DIE GEHEIME MISSION

Meine geheime Mission ist klar: den Feind meines Herrn töten. Ich werde feine Kleider tragen, damit man meine Absicht nicht erkennt. Ich werde viel über mein Opfer und sein Leben herausfinden, bevor ich zuschlage. Einige meiner Feinde sagen, ich könne mich unsichtbar machen und auf Wasser laufen. Das können sie ruhig glauben; je mehr Angst sie vor mir haben, umso erfolgreicher bin ich. Meine Waffen sind geschärft, meine Werkzeuge verborgen. Ich bin bereit.

KOHARUMARU, NINJA DES DAIMYO TOKUGAWA MOTOTADA

kusarigama

Sichel (Messer) für den Nahkampf

Spitze Wurfpfeile

bo-shuriken

Das Gewicht am Ende wurde geschwungen.

Sternförmige *shuriken*

Ninja-Waffen

Die bevorzugte Waffe eines Ninja war ein gekrümmtes Schwert, das er auf dem Rücken trug. Zudem verfügte er über verschiedene Messer, Pfeile, Dornen, Wurfscheiben und andere Wurfgeräte, deren Spitzen manchmal vergiftet waren. Ninja warfen außerdem kleine Handgranaten und setzten ein *happo* ein, eine mit Blendpulver gefüllte Eierschale, um sicher zu entkommen.

tantō (Messer)

Pfeilspitzen mit Gift vom Kugelfisch

katana (Schwert) und Scheide

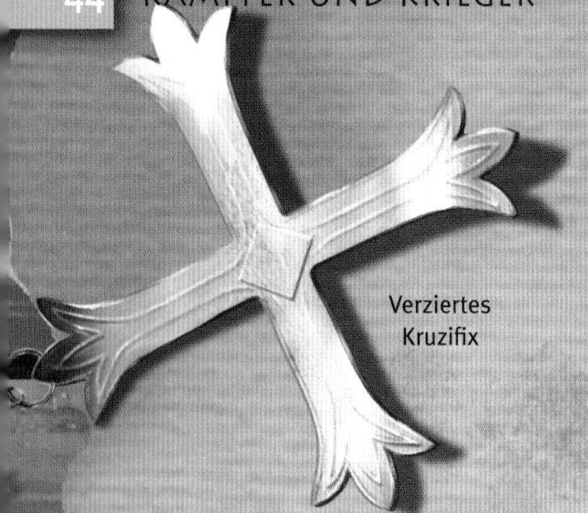

Verziertes
Kruzifix

DIE HEILIGE JUNGFRAU:

Johanna von Orléans

In dieser Nacht liege ich in meiner Zelle und bin mit Ketten an die kalten Wände gefesselt. Als ob ich die Kraft hätte zu fliehen! Ich bin in diesen letzten Wochen sehr schwach geworden. Ich heiße Johanna und habe die Armee der Franzosen gegen die feindlichen Engländer geführt. Meine Zelle liegt in einem Turm in Rouen in Nordfrankreich, doch diese schöne Landschaft gehört den Franzosen nicht mehr. Sie ist durch die englischen Soldaten und deren Verbündete aus Burgund befleckt worden. Sie haben Rouen als Hauptstadt gewählt und wagen es, das Land von hier aus zu regieren, als wäre es ihres.

Aber das hier ist Frank-reich und wird es immer sein. Mein Leben lang habe ich für die Befreiung Frankreichs gekämpft. Morgen, am 30. Mai 1431, wird mein Leben zu Ende sein und ich werde kein freies Frankreich mehr erleben. Aber der Tag wird kommen, so Gott will.

»... gebt der Jungfrau, der von Gott Gesand-ten, die Schlüssel zu allen guten Städten zurück, die Ihr Frankreich geraubt habt.«

Vor etwa sieben Jahren, ich war erst zwölf Jahre alt, habe ich zum ersten Mal die Stimmen des Erzengels Michael, der heiligen Katharina und der heiligen Margareta gehört. Sie erteilten mir die Weisung, die Engländer zu vertreiben und den französischen Dauphin, den rechtmäßigen Thronfolger, zur Königs-krönung in die Kathe-drale von Reims zu führen. Seither werde ich von Gott geleitet.

Zuerst hat man über mich gelacht und mir nicht zugehört. Als ich aber vorhersagte, dass sich das Schlachtglück unserer Armee im Kampf gegen die Engländer bei Orléans wenden würde, glaubte man mir endlich. Dem König von England habe ich den Fehdehand-schuh vor die Füße geworfen und gefordert, »begleicht Eure Schuld beim König des Himmels und gebt der Jungfrau, der von Gott Gesandten, die Schlüssel zu allen guten Städten zurück, die Ihr Frankreich geraubt habt.« Mein Aufruf wurde nicht gehört und mein Feldzug begann. Das war vor zwei Jahren, zwei Jahre, die das Schicksal Frankreichs verändert und mich in diese Zelle gebracht haben.

Aus Orléans habe ich, das einfache Bauernmädchen, die Engländer in acht

Eisenfesseln

Johannas Schwert

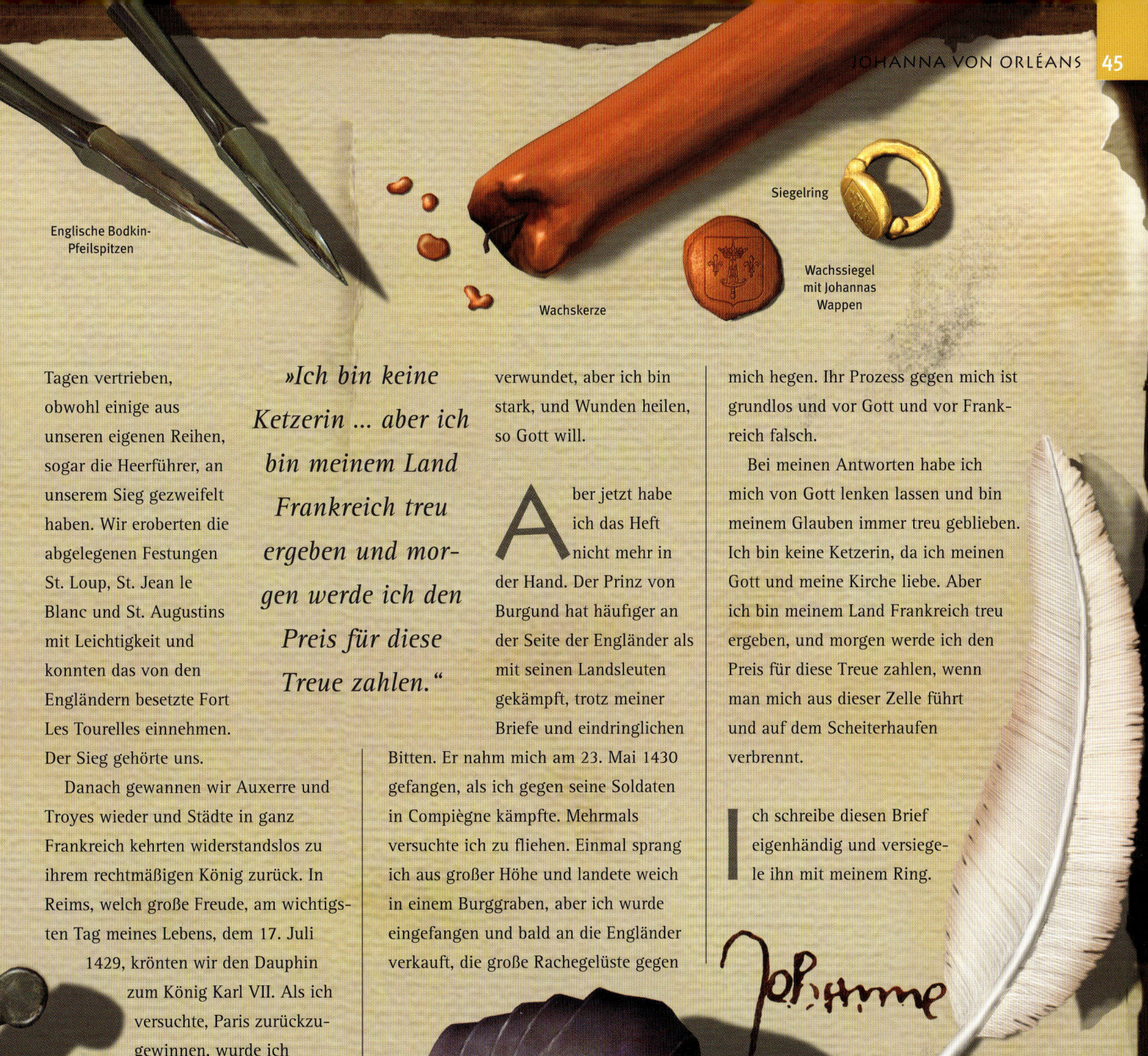

Englische Bodkin-
Pfeilspitzen

Wachskerze

Siegelring

Wachssiegel
mit Johannas
Wappen

Federkiel

Panzerhandschuh aus
Leder und Stahl

Tagen vertrieben, obwohl einige aus unseren eigenen Reihen, sogar die Heerführer, an unserem Sieg gezweifelt haben. Wir eroberten die abgelegenen Festungen St. Loup, St. Jean le Blanc und St. Augustins mit Leichtigkeit und konnten das von den Engländern besetzte Fort Les Tourelles einnehmen. Der Sieg gehörte uns.

Danach gewannen wir Auxerre und Troyes wieder und Städte in ganz Frankreich kehrten widerstandslos zu ihrem rechtmäßigen König zurück. In Reims, welch große Freude, am wichtigsten Tag meines Lebens, dem 17. Juli 1429, krönten wir den Dauphin zum König Karl VII. Als ich versuchte, Paris zurückzugewinnen, wurde ich

»Ich bin keine Ketzerin ... aber ich bin meinem Land Frankreich treu ergeben und morgen werde ich den Preis für diese Treue zahlen.«

verwundet, aber ich bin stark, und Wunden heilen, so Gott will.

Aber jetzt habe ich das Heft nicht mehr in der Hand. Der Prinz von Burgund hat häufiger an der Seite der Engländer als mit seinen Landsleuten gekämpft, trotz meiner Briefe und eindringlichen Bitten. Er nahm mich am 23. Mai 1430 gefangen, als ich gegen seine Soldaten in Compiègne kämpfte. Mehrmals versuchte ich zu fliehen. Einmal sprang ich aus großer Höhe und landete weich in einem Burggraben, aber ich wurde eingefangen und bald an die Engländer verkauft, die große Rachegelüste gegen

mich hegen. Ihr Prozess gegen mich ist grundlos und vor Gott und vor Frankreich falsch.

Bei meinen Antworten habe ich mich von Gott lenken lassen und bin meinem Glauben immer treu geblieben. Ich bin keine Ketzerin, da ich meinen Gott und meine Kirche liebe. Aber ich bin meinem Land Frankreich treu ergeben, und morgen werde ich den Preis für diese Treue zahlen, wenn man mich aus dieser Zelle führt und auf dem Scheiterhaufen verbrennt.

Ich schreibe diesen Brief eigenhändig und versiegele ihn mit meinem Ring.

Johanne

Die Farben der Heraldik (Farbtafel)

Mutter	(roter Schild mit Sonne)
Vater	(blauer Schild mit Sternen)
Sohn	**Familienerbe** Stammte die Mutter aus einer bedeutenden Familie, kombinierte der Sohn ihr Wappen mit dem seines Vaters.

Azure (Blau)	**Purpure** (Purpur)	**Gules** (Rot)	**Sable** (Schwarz)
	Or (Gold)	**Argent** (Silber)	**Ermine** (Hermelin)
		Vert (Grün)	**Vair** (Eichhörnchen)

Die Farbgebung
Fünf Farben, zwei Metalle und zwei Musterungen zur Darstellung kostbarer Pelze sind die wichtigsten heraldischen Tinkturen (Farben). Alle tragen altfranzösische Namen.

Wappen
Um sich in ihren Rüstungen erkennen zu können, trugen Ritter farbige Schilde, die mit Wappen verziert waren. Das Wappen stand für die Familie des jeweiligen Ritters. Wie diese Zeichen auszusehen hatten, regelte während des 12. Jh. ein formales System, die Heraldik.

Escutcheon (Schild)
Chief (Schildhaupt)
Field (Hintergrund)
Sinister (links)
Charge (Symbol)
Dexter (rechts)
Fess (Schildmitte)
Base (Schildfuß)

WAFFEN UND RÜSTUNG DER
Ritter

Vom 11. bis zum 16. Jh. kämpften die Ritter in Europa vom Kopf bis zu den Zehenspitzen in metallener Rüstung. Als Sohn eines Adligen begann ein Ritter mit sieben Jahren die Ausbildung. Später kämpfte er meist auf dem Rücken seines Pferdes. Ritter waren auf Zweikämpfe spezialisiert und schwangen Schwerter, Dolche, Äxte und Keulen. Die Rüstung schützte sie vor Stichen und Hieben ihrer Feinde. Mithilfe eines Knappen war ein Ritter in wenigen Minuten vollständig angezogen. Aber die Rüstung war unbequem und in ihr konnte es sehr warm sein.

IN VOLLER RÜSTUNG
Der Knappe half dem Ritter beim An- und Ablegen der Rüstung. Der Helm war gepolstert, damit er bequem saß und Schläge feindlicher Waffen dämpfte. Zuerst wurde die *Halsberge* angelegt – der Teil der Rüstung, der den Hals schützte – und dann der Helm darüber gesetzt und befestigt. Dieser Ritter aus dem 16. Jh. ist bereit für die Schlacht.

Dieses Schwert konnte mit einer Hand gehalten werden.

Verzierter Handschutz

Panzerhandschuh mit Innenhandschuh aus Leder

Kinnstück

Schulterplatte

Schwebescheibe zum Schutz der Achsel

Ellbogenkachel

Ober- und Unterarmröhren

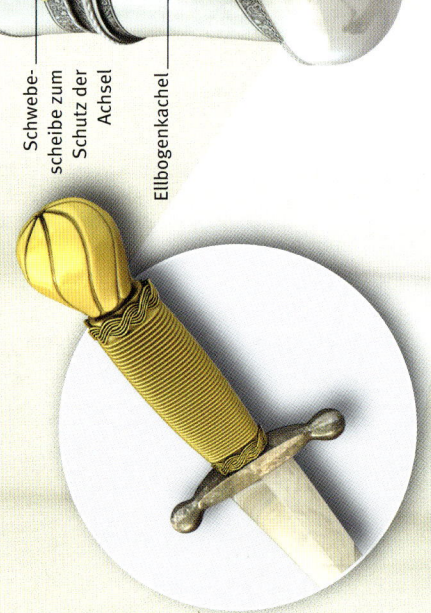

Dolch
Der Ritter setzte den Dolch als Stichwaffe ein, wenn er mit seinem Gegner auf dem Pferderücken rang. Der Dolch wurde in Situationen benutzt, in denen das Schwert zu schwer und unhandlich war. Wurde das Schwert nicht gebraucht, trug er den Ritter an der linken Hüfte.

Panzerhandschuh

Dieser Schutzhandschuh wurde mit einem ledernen Innenhandschuh getragen, damit der Ritter seine Waffen greifen konnte. Finger und Handrücken wurden aus kleinen, mit Scharnieren versehenen Metallplatten gefertigt – so waren sie voll beweglich.

Plattenschurz aus beweglichen Stahlplatten zum Schutz der Oberschenkel, Hüften und Taille

FRANZÖSISCHER RITTER

Bevor heute Morgen die Sonne hoch am Himmel stand, befahl mir mein Herr, gegen unsere englischen Feinde zu kämpfen. Mein Knappe hatte meine Rüstung bereits vorbereitet und ich war in wenigen Minuten angekleidet. Mein Schwert war scharf, Dolch und Keule waren einsatzbereit, so ritt ich auf meinem treuen Pferd in die Schlacht. Auf Schild, Mantel und Decke meines Pferdes prangt mein Familienwappen, denn ich bin ein Ritter und stolz, meinem König und meinem Herrn zu dienen.

GUY DE LORRAINE

Halb angekleideter Ritter

D er wichtigste Teil einer Ritterrüstung war der an die Form des Oberkörpers angepasste Kürass oder Brustharnisch: Die Brust- und die Rücken-platte schützten den Oberkörper vor Stichen und Hieben von Schwertern, Speeren, Lanzen und anderen Waffen. Weitere Platten wurden zum Schutz der Arme daran befestigt.

Das Anlegen der Rüstung

Zuerst band der Knappe die Brust- und Rückenplatte mit Lederbändern an der Schulter des Ritters zusammen und dann mit einem langen Gurt um die Taille. Jedes Rüstungsteil befestigte er mit Lederbändern am nächsten, einige Teile wurden auch an das Steppwams gebunden.

Lederbänder, um Rüstungsteile zu befestigen

Schwert

Die wichtigste Waffe des Ritters und ein Zeichen seines Ranges und seiner Macht war das Schwert. Mit ihm konnte er durch Kettenpanzer stechen, mit einem später aufkommen-den spitzen Schwert auch den Plattenpanzer durchbohren.

Zweihändiges Zeremonien-schwert

Anderthalb-händer oder Bastardschwert

Brustplatte

Gerade, zweischneidige Klinge

Bewegliche Diechlinge für Oberschenkel

Kniekachel

Beinschiene

Stacheliger Streitkolbenkopf

DAS TURNIER

Die Ritter veranstalteten große Turniere, um ihre Kampffertigkeiten für die Schlacht zu trainieren. Bei diesen prachtvoll organisierten Treffen lieferten sich zwei Gruppen von Rittern ein Scheingefecht auf einem großen Feld. Anfangs kämpften sie mit echten Waffen, zu Beginn des 13. Jh. wurden stumpfe Waffen eingeführt, um ungewollten Verwundungen vorzubeugen. Ein Höhepunkt des Turniers war der Tjost, ein Zweikampf zu Pferd, bei dem die Ritter mit hoher Geschwindigkeit aufeinander zugaloppierten und versuchten, den Gegner mit der Lanze vom Pferd zu stoßen.

Bei einem Turnier treten Ritter gegeneinander an.

Unter der Rüstung

Ein Ritter trug mehrere Kleidungsstücke, um seinen Körper vor den harten, scharfen Kanten der Rüstung zu schützen. In dieser leicht wattierten Kleidung konnte er sich gut bewegen und sie hielt ihn warm. Nachdem er die Kleidungsstücke angelegt hatte, stand der Knappe bereit, um ihm in die Rüstung zu helfen.

Unterkleidung
Der Ritter trug ein Steppwams, eine wattierte Jacke aus Wolle und Leder, die vorne geschnürt wurde; dazu eine wollene Strumpfhose und ein Unterhemd aus Wolle oder Leinen.

Kettenkragen

Kettenpanzer
Jeder Eisenring wurde vierfach verschränkt – sprich mit vier anderen Ringen verbunden. Zuerst wurde so eine ganze Rüstung hergestellt, später dann ein leichter, flexibler Schutz, den die Ritter unter der Rüstung trugen.

Steppwams aus wattierter Wolle und Leder

Lederbänder zum Verschnüren des Wamses

Entwicklung der Rüstung
Die ersten Ritter trugen Rüstungen aus Kettenpanzer. Sie wurden aus Tausenden zu einem Maschenwerk verbundenen kleinen Eisen- oder Stahlringen gefertigt. Plattenrüstungen aus Stahlplatten, die den gesamten Körper bedeckten, kamen im 14. Jh. auf. Im Laufe des 16. Jh. verfeinerte man zunehmend Form und Verzierungen der Rüstungen.

Ketten-panzer

Ritter aus dem 11. Jh.

Plattenpanzer

Ritter aus dem 14. Jh.

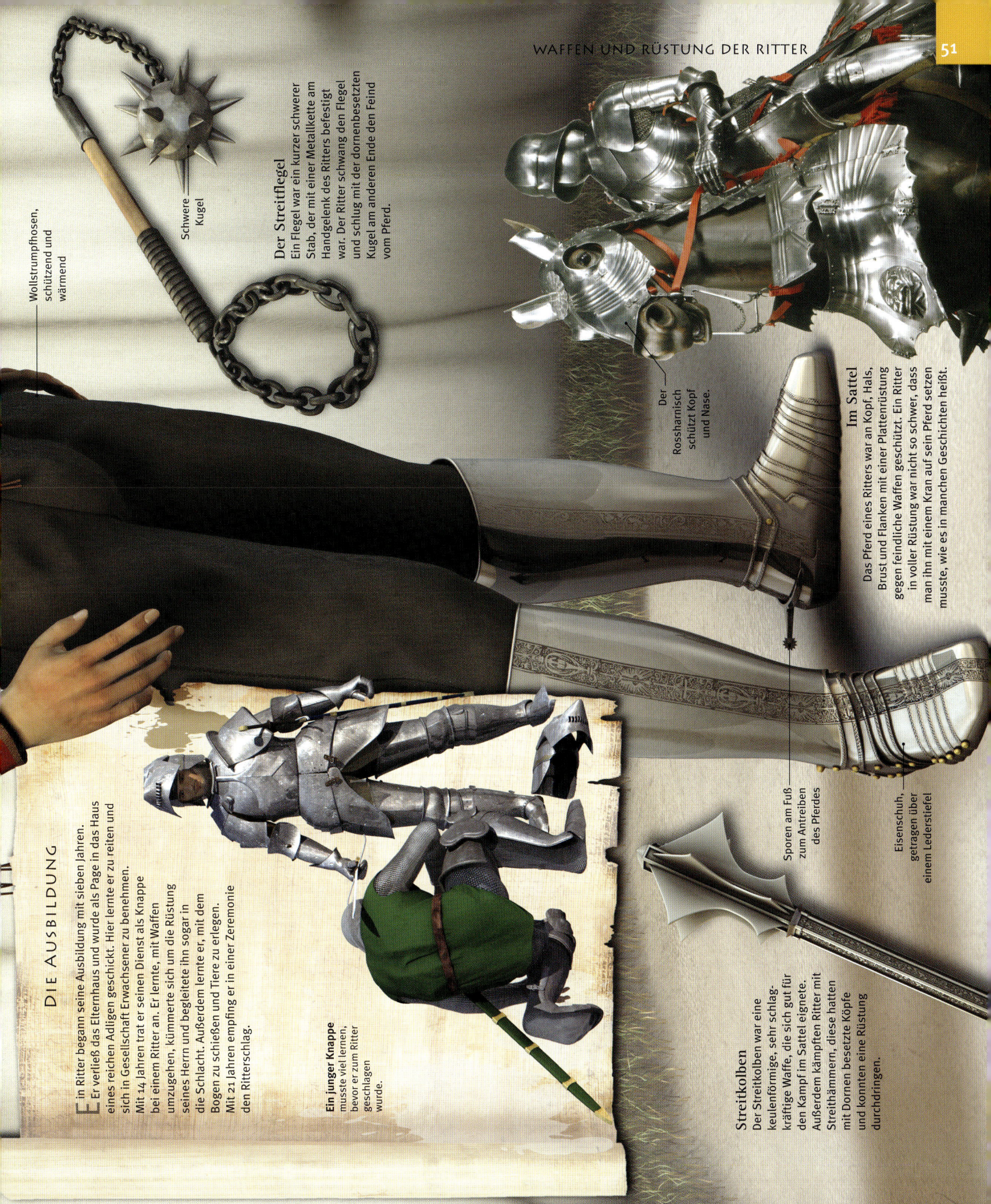

Wollstrumpfhosen, schützend und wärmend

Schwere Kugel

Der Streitflegel
Ein Flegel war ein kurzer schwerer Stab, der mit einer Metallkette am Handgelenk des Ritters befestigt war. Der Ritter schwang den Flegel und schlug mit der dornenbesetzten Kugel am anderen Ende den Feind vom Pferd.

Der Rossharnisch schützt Kopf und Nase.

Im Sattel
Das Pferd eines Ritters war an Kopf, Hals, Brust und Flanken mit einer Plattenrüstung gegen feindliche Waffen geschützt. Ein Ritter in voller Rüstung war nicht so schwer, dass man ihn mit einem Kran auf sein Pferd setzen musste, wie es in manchen Geschichten heißt.

Sporen am Fuß zum Antreiben des Pferdes

Eisenschuh, getragen über einem Lederstiefel

DIE AUSBILDUNG
Ein Ritter begann seine Ausbildung mit sieben Jahren. Er verließ das Elternhaus und wurde als Page in das Haus eines reichen Adligen geschickt. Hier lernte er zu reiten und sich in Gesellschaft Erwachsener zu benehmen. Mit 14 Jahren trat er seinen Dienst als Knappe bei einem Ritter an. Er lernte, mit Waffen umzugehen, kümmerte sich um die Rüstung seines Herrn und begleitete ihn sogar in die Schlacht. Außerdem lernte er, mit dem Bogen zu schießen und Tiere zu erlegen. Mit 21 Jahren empfing er in einer Zeremonie den Ritterschlag.

Ein junger Knappe musste viel lernen, bevor er zum Ritter geschlagen wurde.

Streitkolben
Der Streitkolben war eine keulenförmige, sehr schlag-kräftige Waffe, die sich gut für den Kampf im Sattel eignete. Außerdem kämpften Ritter mit Streithämmern, diese hatten mit Dornen besetzte Köpfe und konnten eine Rüstung durchdringen.

SEITE AN SEITE:
Pikeniere und Musketiere

Die Kriegsführung veränderte sich, als im 16. Jh. in Europa Feuerwaffen eingeführt wurden. Infanteristen feuerten Musketen ab und Zweikämpfe von Schwerter und Lanzen schwingenden Soldaten gehörten bald der Vergangenheit an. Die Muskete hatte zwar eine Reichweite von 100 m und mehr, sie zu laden dauerte aber mindestens 30 Sekunden. Mit Spießen bewaffnete Pikeniere unterstützten deshalb die Musketiere im Kampf. Diese Taktik verhalf Oliver Cromwells Parlamentsarmee in ihren Schlachten gegen die Truppen Karls I. von England während der Bürgerkriege Mitte des 17. Jh. und vielen anderen Armeen in Europa zum Sieg.

England

GEWALTHAUFEN
Während einer Schlacht bildeten die Pikeniere eine dicht gedrängte Kampfformation, den sogenannten Gewalthaufen, um ihre Gegner anzugreifen, oder sie wichen nicht von der Stelle und blieben in Verteidigungsposition. Bei einem Kavallerieangriff richteten sie ihre Piken zu einem stacheligen Schutzwall auf. So hatten die Musketiere Zeit, ihre Waffen nachzuladen und zu feuern.

Perfekter Drill
Musketiere wurden zu einem disziplinierten Trupp ausgebildet. Gedruckte Übungs- oder Anleitungsbücher zeigten ihnen, wie sie ihre Waffen laden, mit ihnen zielen und sie abfeuern mussten. Aus diesen Büchern lernten sie auch, mit den Pikenieren zusammenzuarbeiten und gemeinsam auf dem Schlachtfeld vorzurücken.

Das Luntenschlossgewehr
Mit dem Luntenschlossgewehr zu schießen war umständlich. Schwarzpulver und Musketenkugel wurden mit einem Ladestock in den Lauf gestopft. Wenn man den Abzug betätigte, wurde die glimmende Zündschnur in die Zündpfanne mit sehr feinem Schwarzpulver gedrückt. Das brennende Pulver entzündete die Trieblladung im Lauf und die Kugel wurde aus der Muskete getrieben.

Pfanne mit Zündkraut (feines Schwarzpulver)

Kolben

Luntenhalter

Bleikugeln für Musketen

OSMANISCHE MUSKETIERE

Das Osmanische Reich entstand im frühen 14. Jh. im Zentrum der heutigen Türkei und wurde immer mächtiger, bis es einen großen Teil Osteuropas, des Nahen Ostens und Nordafrikas beherrschte. Seine wichtigste Streitmacht bestand aus den Janitscharen, Männern, die aus den Balkanländern stammten, als Kinder versklavt und zu einer Elitetruppe gedrillt worden waren. Mit ihren Musketen und anderen Waffen aus Europa waren sie eine tödliche Gefahr, obwohl keine Pikeniere an ihrer Seite kämpften.

Angriff der mit Musketen bewaffneten Janitscharen auf den Johanniterorden bei der Belagerung von Rhodos, 1522

Helm oder Hut
Die meisten Musketiere und Pikeniere kämpften mit einem breitkrempigen Filzhut. Wer Glück hatte, besaß einen Eisenhelm wie seine berittenen Kameraden, die am ehesten von einer Kugel getroffen wurden.

Gabelstock

Zündschnur (Lunte)

Im Visier
Die ersten Gewehre waren sehr schwer. Der Musketier musste sie mit einem stabilen Gabelstock stützen, um zielen und feuern zu können. Bei den ab Mitte des 17. Jh. hergestellten leichteren Musketen brauchte er keine Stütze mehr, um abzufeuern.

Bleikugeln

Pulver-flasche

Pulver und Kugel
Schwarzpulver wurde in zwölf hölzernen Pulverflaschen aufbewahrt. Die Flaschen waren an einem quer über der Schulter getragenen Schulterrie-men befestigt. Jede enthielt eine Pulverladung. In einer größeren Flasche befand sich Zündkraut, ein kleiner Lederbeutel enthielt Bleikugeln.

Zündkrautflasche

Ohne Munition
Hatte ein Musketier sein Pulver und seine Kugeln verschossen, oder konnte er nicht schnell genug nachladen, verließ er sich auf den Schutz der Pikeniere oder im Notfall auf seine Fechtkunst.

Achteckiger Lauf

Ladestock

Trommelstöcke

Geschichte eines Trommlers

Trommelriemen

Trommler der Nordstaaten

Ich heiße John James Jackson und bin zwölf Jahre alt. Ich wurde in der Nähe von Springfield im Bundesstaat Illinois geboren, unweit des Ortes, in dem Abraham Lincoln lebte, bevor er als Präsident nach Washington ging. Mein Vater war Farmer. Aufgewachsen bin ich aber bei meinen Großeltern, denn meine Eltern starben, als ich klein war.

Ich kann mich gut an den Tag erinnern, an dem der Krieg zwischen uns und den rebellischen Konföderierten ausbrach. Ich half gerade meiner Großmutter, die Hühner zu füttern, als unser Nachbar Tom angerannt kam. Er erzählte, dass die Rebellen Fort Sumter im weit entfernten South Carolina angegriffen hatten. Das war vor zwei Jahren und seitdem herrscht Krieg. Illinois ist unserem

Präsidenten treu und in der Union geblieben. Wir halten keine Sklaven und wollen auch keine, obwohl einige Männer so hart arbeiten wie Sklaven.

Von Anfang an wollte ich kämpfen. Ich wollte den Feind schlagen. Deshalb lief ich eines Tages davon. Die Unionsarmee war in der Stadt und auf der Suche nach Freiwilligen, so wurde ich Soldat. Ich gab an, älter zu sein, aber das schien niemanden zu interessieren. Jetzt diene ich im 8. Illinois-Regiment. Ich finde, wir sehen sehr gut aus in unseren Uniformen, und wir wollen kämpfen, auch wenn andere nicht besonders viel von uns halten, weil viele von uns noch nie im Krieg waren.

Ich hatte noch nie zuvor ein Gewehr abgefeuert oder eine Uniform getragen.

»Ich habe gelernt, Botschaften zu trommeln, die den Soldaten sagen, wann sie anhalten, nach vorn stürmen oder das Feuer eröffnen sollen.«

Aber ich mag Musik und kann Blechflöte spielen, also wurde ich Trommler in meinem Regiment. Meine große schwere Trommel trage ich an einem breiten Riemen um den Hals. Man kann sie über das Rufen und den Kanonendonner hinweg auf dem Schlachtfeld hören. Meine Aufgabe ist daher sehr wichtig. Ich habe gelernt, Botschaften zu trommeln, die den Soldaten sagen, wann sie anhalten, nach vorn stürmen oder das Feuer eröffnen sollen.

In diesen vergangenen Julitagen im Jahr des Herrn 1863 haben wir eine große Schlacht bei der Stadt Gettysburg in Pennsylvania geschlagen. General Lee, der die Konföderierten

Wasserflasche

Trommel

Blechflöte

Würfel

Unionskappe

befehligt, hat versucht, in das Territorium der Union einzudringen, und ist auf der Suche nach Nachschub mit seinen Truppen in Gettysburg eingezogen.

Die Schlacht begann am 1. Juli, einem Mittwoch. Die konföderierte Kavallerie hatte uns bald auf den Cemetery Hill, einen Hügelkamm, zurückgedrängt, wo wir über Nacht lagerten. Am nächsten Tag stellten wir uns erneut auf, um dem Feind entgegenzutreten. Wir hatten Verstärkung bekommen und so war unsere Truppe diesmal zahlreicher. Die Feinde griffen mit ganzer Kraft an und hätten uns fast von dem Hügelkamm vertrieben, doch wir konnten sie zurückdrängen. Mir wurde gesagt, welche Anweisungen ich trommeln sollte. Der Kampf war aber so verbissen, dass ich mich frage, ob jemand sie gehört hat. Viele Männer wurden verwundet, mein Freund

Andrew, der auch Trommler ist, wurde in die Schulter getroffen. Ich hoffe, er überlebt es, denn seine Wunde war tief und er hat viel geschrien. Unten im Tal griffen die Konföderierten unsere Linien mit aller Macht an, aber wir hielten stand, obwohl unsere Verluste auch hier groß waren. Ein Bote erzählte mir, man nenne es »Das Tal des Todes«, weil überall Tote auf dem Feld liegen.

Nach einer weiteren Nacht auf dem Kamm beschossen wir frühmorgens die feindlichen Stellungen mit unserer Kanone. Schon bald schossen sie zurück. Der Lärm war grauenhaft, aber wir blieben in Deckung. Ich konnte es kaum noch aushalten. Der Lärm war schrecklich und ich hatte Angst, aber meine Freunde sind stark und das machte

»Eine Kugel hat meine Trommel getroffen und beschädigt, aber mein Sergeant meint, man könne sie reparieren.«

mir Mut. Nach dem Kanonenfeuer griffen die Konföderierten unter Generalmajor George Pickett unsere Linien an, aber sie kamen nicht gegen uns an.

Heute ist Samstag und nach einigen Schusswechseln ist es jetzt ruhig. Ich habe gehört, dass sich die Konföderierten nach Süden zurückziehen wollen, weg von unseren Linien. Wir haben die Schlacht gewonnen, aber der Preis ist hoch. Mein Freund Andrew hat die Nacht nicht überlebt und sein älterer Bruder wurde ebenfalls getötet. Eine Kugel hat meine Trommel getroffen und beschädigt, aber mein Sergeant meint, man könne sie reparieren.

John James Jackson

Unionsflagge mit 34 Sternen

GUERILLEROS UND
Partisanen

Kriege werden häufig auch von Gruppen irregulärer Kämpfer geführt, den sogenannten Guerilleros oder Partisanen. Das Wort »Guerrilla« kommt aus dem Spanischen und bedeutet »kleiner Krieg«. Damit wurden ursprünglich die Soldaten bezeichnet, die im Spanischen Unabhängigkeitskrieg von 1807 bis 1814 keiner regulären Armee angehörten und gegen die französische Besetzung ihres Landes kämpften. Guerillakämpfer greifen am liebsten überraschend aus dem Hinterhalt an oder verwenden andere unerwartete Taktiken. Sie kämpfen am besten in rauen Landstrichen, wo sie sich gut verstecken können, und mit allen Waffen, die sie bekommen.

Konföderierte Partisanen
Im Amerikanischen Bürgerkrieg von 1861 bis 1865 kämpften auf Seiten der Konföderierten Partisanen gegen die Unionsarmeen. Sie ritten nachts hinter die feindlichen Linien und griffen Unionstruppen an. Die bekannteste der kleinen Gruppen waren die Partisan Rangers aus den Blue Ridge Mountains in Virginia.

Die Francs-tireurs
Als die preußische Armee 1870 im Deutsch-Französischen Krieg auf Paris zumarschierte, traf sie auf *Francs-tireurs*. Diese Partisanen waren Scharfschützen. Sie griffen die preußischen Linien an, sprengten Eisenbahnbrücken und versuchten, den preußischen Vormarsch auf die Hauptstadt zu stoppen. Die Preußen reagierten mit schonungslosen Vergeltungsakten gegen jede Stadt, in der sie Partisanen vermuteten.

„Besser aufrecht sterben als auf den Knien leben."
Emiliano Zapata

Burenkämpfer
Nachdem die Briten die Buren 1900 besiegt und zwei Burenrepubliken in Südafrika eingenommen hatten, wehrten sich die Bauern mit Guerillamethoden. Sie legten Eisenbahnlinien lahm, griffen britische Siedlungen an und überfielen britische Soldaten. Die Briten brannten im Gegenzug Farmen von Buren nieder und hielten burische Zivilisten in Gefangenenlagern fest.

Mexikanische Rebellen
Während der Mexikanischen Revolution von 1910 bis 1920 kämpften Revolutionäre für den Sturz der diktatorischen Regierung. Angeführt wurden sie von Pancho Villa und Emiliano Zapata. Sie forderten einen gerechteren Staat, in dem Bauern Land besitzen durften, und weitere soziale Reformen. Unter den Anhängern Zapatas kämpften auch Frauen, bis Zapata 1919 starb.

Sowjetische Partisanen

Die deutsche Armee, die 1941 in die Sowjetunion (heute Russland) eingefallen war, wurde von Partisanen angegriffen, die sich hinter den deutschen Linien versteckt hatten. Die Partisanen überfielen Nachschubstellungen und isolierte Konvois. Mindestens 500 000 Partisanen kämpften bis zum Rückzug der Deutschen im Jahr 1944.

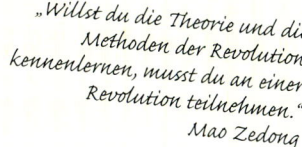

„Willst du die Theorie und die Methoden der Revolution kennenlernen, musst du an einer Revolution teilnehmen."
Mao Zedong

敬祝我们伟大的领袖毛主席万寿无疆！

Kommunistische Guerilleros

Mao Zedong, Vorsitzender der Kommunistischen Partei Chinas, war ein ausgebildeter Guerillero. Mit seiner Roten Armee kämpfte er gegen die nationalistische Regierung Chinas und nach 1937 gegen Japan. Seine Partisanen waren spärlich bewaffnet, aber von seiner revolutionären Botschaft beflügelt. Nach der Niederlage Japans am Ende des Zweiten Weltkriegs führte Mao seine Armee 1949 im Chinesischen Bürgerkrieg zum Sieg.

Partisanen in Vietnam

Während des langjährigen Krieges in Vietnam spielten Partisanen ebenfalls eine große Rolle. Sie nutzten den Dschungel, versteckten sich in Tunneln und lauerten im Unterholz, bevor sie ihre Gegner angriffen. Vietnam kämpfte nach dem Ende des Zweiten Weltkriegs 1945 zuerst gegen die französische Kolonialmacht; der Konflikt endete in der Teilung Vietnams, was zu einem Bürgerkrieg und ab 1965 zur Intervention der USA führte. Erst 1976 wurde Vietnam wiedervereinigt.

Che Guevara

1928 in Argentinien geboren, wurde Che Guevara in Guatemala und dann in Mexiko und Kuba zum Revolutionär. In Kuba schloss er sich den Guerilleros Fidel Castros an, die 1959 auf der Insel die Macht übernahmen. 1967 ging er nach Bolivien und versuchte dort, die Bauern und Minenarbeiter zum Aufstand gegen die Regierung zu bewegen. Sein Versuch schlug fehl und er wurde gefangen genommen und erschossen.

LES CONSEILLERS NE SONT PAS LES PAYEURS...

ZEITTAFEL

1807–1814 Spanische Guerilleros kämpfen gegen die französische Besatzungsarmee.

1861–1865 Im Amerikanischen Bürgerkrieg greifen konföderierte Partisanen Unionstruppen an.

1870–1871 Francs-tireurs kämpfen in Frankreich gegen einfallende Preußen.

1910–1920 Revolutionäre Guerilleros kämpfen in der Mexikanischen Revolution.

1916–1918 Lawrence von Arabien führt während der Arabischen Revolte Guerillagruppen gegen die osmanisch-türkische Herrschaft.   Lawrence von Arabien

1919–1921 Die Irisch-Republikanische Armee unter Michael Collins kämpft gegen die Briten für die Unabhängigkeit Irlands.

1927 Kommunistische Guerilleros wollen China unter ihrer Herrschaft vereinen.

1940–1944 Maquis und andere Organisationen kämpfen gegen die deutsche Besetzung Frankreichs.
Poster des französischen Widerstands

1941–1944 Sowjetische Partisanen ziehen in Russland gegen die deutsche Armee in den Kampf. Titos Partisanen befreien Jugoslawien von deutscher Herrschaft.

1946 Viet Minh beginnen einen Guerillafeldzug gegen die französische Kolonialherrschaft in Vietnam.

1956–1959 Fidel Castro und Che Guevara starten einen Guerillakrieg in Kuba.

1967 Che Guevara stirbt bei der Organisation eines Aufstands in Bolivien.

1979 Mudschaheddin greifen sowjetische Besatzungstruppen in Afghanistan an.

...götter

...ene Götter. Ihr wichtigster und gefürchtetster Gott ... im Zorn viele Tausende töten konnte.

Ares Athenes Halbbruder Ares war der Gott des ...blutigen Krieges. Die Griechen der Antike misstrauten diesem Gott, weil seine Grausamkeit unvorhersehbar und schrecklich war. Bei den Römern hieß er Mars.

Kali Die hinduistische Göttin der Dunkelheit und Zerstörung tötete ihre Feinde und trug die Seelen der toten Krieger fort. Sie war mit Shiva, der wichtigsten Hindu-Gottheit, vermählt und wird häufig auf seinem Körper stehend abgebildet.

Kali

Kämpfe

...m denkwürdi-

...e Schlacht ...o bis 200 Kon-...Francisco ...u 10 000 Inka ...eru aus. Die ...mit Feuerwaf-...d Pferden, die ...nbewaffneten ...und siegten mit ...n.

Ebenso ungleich war 1521 die Schlacht der 500 spanischen Konquistadoren und ihrer 100 000 eingeborenen Verbündeten gegen 300 000 Azteken bei Tenochtitlán.

Die römischen Gladiatoren kämpften bis zum Tod in großen Arenen zur Belustigung des Publikums gegeneinander. *Bestiarii* kämpften gegen wilde Tiere wie Löwen und Bären.

Mächtige Schwerter

Der Sage zufolge erhielt König Artus, der legendäre König der Briten aus dem 6. Jh., sein Schwert Excalibur von der Herrin vom See. Das Schwert besaß magische Kräfte und wurde dem See zurückgegeben, als Artus starb.

Excalibur wird manchmal mit dem Schwert im Stein verwechselt. Dieses Schwert steckte in einem Felsen und nur der »wahre König« konnte es herausziehen. Artus gelang dies und er erwies sich damit als rechtmäßiger König.

Das japanische Gegenstück zu Excalibur heißt *Kusanagi-no-Tsurugi* (»Gras schneidendes Schwert«). Das Schwert gehörte nach der Sage einer achtköpfigen Schlange, die eine Familie in der Provinz Izumo terrorisierte und sieben der acht Töchter tötete. Susanoo, der Gott des Meeres und der Stürme, tötete die Schlange. Er heiratete die letzte Tochter und schenkte das Schwert der Sonnengöttin. Heute ist es Teil der Krönungsinsignien Japans.

Kaiser Karl der Große, Herrscher über Westeuropa im 9. Jh., besaß ein Schwert namens Joyeuse (»Freudvolle«). Einer Legende zufolge wechselte es 30-mal am Tag die Farbe.

Der sogenannte Hundertjährige Krieg zwischen England und Frankreich war der längste Krieg der Geschichte. Er dauerte von 1337 bis 1453 und damit in Wirklichkeit 116 Jahre; es wurde aber nicht ständig gekämpft.

Plündernde Wikinger
Die Wikinger sind als blutdürstige Mörder in die Geschichte eingegangen. Sie waren aber auch hervorragende Seefahrer. Vom 8. bis zum 11. Jh. zogen sie bis zum Schwarzen Meer und segelten mit ihrem Wissen über die Meere und den Himmel über den Nordatlantik bis nach Amerika – fast 500 Jahre bevor Christoph Kolumbus 1492 die Segel setzte.

Krieg

Die Krieger der antiken Welt glaubten an viele versc
war der Kriegsgott, ein grausamer Gott

Seth In der ägyptischen
Mythologie war Seth der Gott
der Dunkelheit, Wüste, Stürme
und des Chaos, aber auch
des Krieges. Er wurde mit
gebogener Tierschnauze,
eckigen Ohren und gespalte-
nem Schwanz dargestellt. Fast
immer wurde er im Konflikt mit
anderen Göttern abgebildet,
vor allem mit Osiris, seinem
Bruder und Gott der Unterwelt,
den er tötete.

Seth

Athene Die griechische Göttin war die Göttin des
Kampfes, aber auch der Weisheit und Strategie.
Athene entsprang in voller Rüstung dem Haupt des
Göttervaters Zeus. Die griechische Hauptstadt
Athen wurde nach ihr benannt. Bei den Römern
hieß sie Minerva.

Ungleich

Hungrig und erschöpft nach der
Belagerung der Stadt Harfleur,
trafen im Oktober 1415 etwa 6000
englische Soldaten unter der
Führung von König Heinrich V. bei
Agincourt in Nordfrankreich auf
20 000 bis 30 000 französische
Soldaten. Trotz der zahlenmäßigen
Unterlegenheit errangen die
Engländer die Oberhand in der
Schlacht. Die englischen Lang-
bogenschützen spielten eine

wichtige Rolle
gen Sieg.

Eine sehr ung
trugen 1532 di
quistadoren un
Pizzaro gegen
bei Cajamarca
Spanier kämpf
fen, Armbrüste
den größtentei
Inka fremd war
minimalen Ver

Fakten

GEWICHTIGE KRIEGER

Die Metallrüstung eines Ritters im Mittelalter wog etwa 20–25 kg. Ein langes Schwert und eine Axt konnten jeweils bis zu 1 kg wiegen. Armbrüste und Pfeile waren leichter.

Der Brustharnisch eines römischen Legionärs wog je nach Typ und Ausführung 5–15 kg. Insgesamt wogen Rüstung und Waffen wie Schwert und Dolch um die 20 kg. Zusätzlich musste der bedauernswerte Legionär auf dem Marsch noch weitere Ausrüstung wie Rucksack, Spitzhacke und Wasserflasche tragen.

Eine japanische Samurai-Rüstung – Helm, Gesichtsmaske, Nackenschutz, Schulter- und Armschutz, Brustplatte und Beinschützer – wog 27–45 kg. Das Gewicht der Schwerter, der Lanze und anderer Waffen kam noch hinzu. Ein moderner Soldat in Afghanistan trägt interessanterweise mit seiner Schutzkleidung, Waffen und Ausrüstung ungefähr genauso schwer.

Mittelalterliches Schwert

Ein mittelalterlicher Armbrustbolzen war nur etwa 37 cm lang und wog weniger als 1 kg.

Indisches Schwert mit Scheide

Krieger gestern und heute

Die am besten ausgebildeten Krieger aller Zeiten waren wahrscheinlich die Spartaner im Griechenland der Antike. Ihre Ausbildung begann im Alter von sieben Jahren und dauerte 13 Jahre. Mit 20 wurden sie in die Armee aufgenommen. Volle Bürgerrechte, auch das Recht zu heiraten, erhielten sie erst mit 30 Jahren.

Heute muss jedes Mitglied einer Elite-Kampftruppe in einer speziellen Ausbildung lernen, mit bestimmten Waffen umzugehen oder eine Mission vorzubereiten.

Die legendären Ninja im Japan des Mittelalters erhielten keine formale Ausbildung, waren aber sehr gut trainiert. Sie perfektionierten die Kunst der Spionage, Sabotage, Unterwanderung und des Attentats. Mit ihren Spezialwerkzeugen konnten sie ungesehen und lautlos hohe Mauern überwinden und in Gebäude eindringen. Ihre Waffen wählten sie mit großer Sorgfalt. Die Ninja waren überaus gefürchtet – manche glaubten gar, sie könnten auf dem Wasser laufen oder unsichtbar werden. Tatsächlich verfügten sie nur über meisterhafte Körperbeherrschung.

~ FINDE MEHR HERAUS ~
INTERNETTIPPS

http://www.blinde-kuh.de/ritter/
Hier erfährst du mehr über die Ritter im Mittelalter und über König Artus.

http://www.blinde-kuh.de/wikinger/europa.html
Wenn du mehr über die Wikinger wissen möchtest, bist du hier richtig.

http://www.blinde-kuh.de/kelten/
Über die Kämpfe der Kelten kannst du hier lesen.

www.helles-koepfchen.de/artikel/2798.html
Webseite zu Griechenland in der Antike mit Links zu den Römern, Kelten und Germanen.

http://www.br-online.de/kinder/fragen-verstehen/wissen/2004/00464/
Hier gibt es Informationen über die griechischen Götter und Helden der Antike.

Panzerhandschuh eines Ritters

Die größten Schlachten

Welche Schlacht die größte war, ist unbekannt. Der griechische Geschichtsschreiber Herodot behauptet, mehr als 2 Millionen Perser hätten 480 v. Chr. bei den Thermopylen gegen die Griechen gekämpft. In Wirklichkeit waren es wahrscheinlich zwischen 50 000 und etwa 200 000.

Einer der blutigsten Kämpfe war die Belagerung und Eroberung von Jerusalem durch die Römer im Jahr 70 n. Chr. Etwa 1 100 000 Menschen sollen in diesem Krieg gestorben sein; möglicherweise ist diese Zahl aber auch zu hoch überliefert. Etwa 1 250 000 Menschen kamen um, als im Zweiten Weltkrieg die Schlacht von Stalingrad zwischen Deutschland und der Sowjetunion wütete (1942–1943).

Die Schlacht von Salamis im Jahr 480 v. Chr. war eine der größten Seeschlachten der Geschichte: 378 griechische Kriegsschiffe kämpften gegen 1207 persische. Die Griechen trugen trotzdem den Sieg davon.

Der Krieg mit den meisten Toten war der Zweite Weltkrieg: Mehr als 56 Millionen Menschen kamen von 1939 bis 1945 ums Leben.

Schlacht von Salamis, Gemälde aus dem 17. Jh.

Glossar

Agoge Strenges Ausbildungs- und Erziehungssystem in Sparta, um Jungen zu Soldaten zu drillen.

Aristokratie Privilegierte Klasse von Menschen, auch Adel genannt.

Armbrust Schwere Schusswaffe des Mittelalters mit Holz- oder Metallbolzen.

Belagerung Militärische Blockade einer Stadt, einer Burg oder einer Festung.

Spanische Konquistadoren

Belagerungsgerät Speziell für eine Belagerung gebaute Waffe, z. B. ein Rammbock.

Berserker Legendärer Wikingerkrieger.

Blockade Absperrung aller Zugänge einer Stadt oder Festung.

Bogenschütze Soldat, der mit einem Bogen kämpft.

Bronze Metall aus Kupfer und einer kleinen Menge Zinn zum Härten des Kupfers.

Dolch Kurze Stichwaffe mit scharfer, spitzer Klinge.

Dynastie Könige und Königinnen aus derselben Familie.

Enterhaken Metallhaken zum Heranziehen von etwas oder zum Festhalten.

Feuerstein Das blauschwarze Gestein ist ein Quarz. Aus ihm können Funken geschlagen werden; war früher in Gewehren zum Entzünden des Zündkrauts oder der Ladung.

Feuerwaffe Kanone, Gewehr oder eine andere Waffe, mit der Geschosse wie Kanonenkugeln abgefeuert werden können.

Flanke Rechte oder linke Seite einer militärischen Formation.

Freiwilliger Soldat, der aus freien Stücken einer Armee beigetreten ist.

Frontlinie Reihe aus Soldaten, die dem Feind am nächsten sind.

General Ranghöchster Offizier.

Gewehr Feuerwaffe mit langem Lauf. Sie ist mit zwei Händen zu bedienen, geschossen wird von der Schulter aus.

Guerillero Gehört keiner regulären Armee an, kämpft häufig aus politischen Motiven.

Haka Traditioneller Tanz der Maori.

Helm Teil der Rüstung eines Soldaten zum Schutz des Kopfes.

Heraldik Formales System, das regelt, wie Wappen aussehen und was sie bedeuten, z. B. auf Schilden.

Hoplit Schwer bewaffneter Fußsoldat im Griechenland der Antike.

Infanterist Fußsoldat.

Janitscharen Infanteriesoldaten im Osmanischen (Türkischen) Reich, Wache des Sultans und stets einsatzbereites Heer. Ursprünglich wurden christliche Kinder, die zum Islam konvertieren mussten, zu Janitscharen ausgebildet.

Kavallerie Soldaten, die zu Pferd kämpften oder, in jüngerer Zeit, in motorisierten Fahrzeugen wie Panzern

Kettenpanzer Rüstung aus verbundenen Metallringen oder Eisendraht.

Klinge Scharfe Schneide von Schwertern, Dolchen oder anderen Blankwaffen. Die ersten waren aus Feuerstein, spätere aus Bronze, Eisen und Stahl.

Knappe Ein junger Adliger in der Ausbildung, der vom 14. bis zum 21. Lebensjahr einem anderen Ritter diente; danach wurde er selbst zum Ritter geschlagen.

Konquistadoren Spanische Eroberer der Inka- und Aztekenreiche im 16. Jh.

Kürass Brust- und Rückenplatte aus Metall oder Leder zum Schutz im Kampf.

Langbogen Großer Holzbogen, im Mittelalter eingesetzt in Kriegen in Europa.

Langschiff Wichtigstes Segelschiff der Wikinger.

Lanze Lange, spitze Waffe eines Reiters, um den Gegner vom Pferd zu stoßen oder zu verletzen.

Legende Erzählung, die von Generation zu Generation weitergegeben wird und wahr oder unwahr sein kann.

Legion Einheit der römischen Armee aus Infanteristen und Kavalleristen zu ihrer Unterstützung, zwischen 3000 und 6000 Mann stark.

Leinenpanzer Rüstung der Griechen in der Antike.

Linie Formation aus Seite an Seite stehenden Soldaten.

Luntenschlossgewehr Feuerwaffe, deren Ladung mit einer langsam brennenden Lunte entzündet wurde. So konnte die Waffe mit beiden Händen gehalten und abgefeuert werden.

Mahut Elefantenführer oder -hüter.

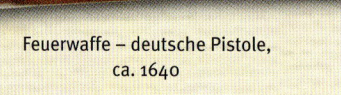
Feuerwaffe – deutsche Pistole, ca. 1640

Marinesoldat Soldat, der auf See kämpft.

Mittelalter In Europa Zeitraum zwischen dem 5. und dem 15. Jh.

Muskete Schultergewehr mit langem Lauf, benutzt von der Infanterie vom 15. bis zum 18. Jh.

Mythos Überlieferte Erzählung, häufig über Personen mit übermensch-lichen Fähigkeiten.

Page Eine Junge, zwischen sieben und 14 Jahre alt, in der ersten Ausbildungsstufe zum Ritter.

Leinenpanzer

Panzer Schweres, gepanzertes Fahrzeug mit drehbarem Geschützturm.

Panzerhandschuh Handschutz aus kleinen Metallplatten mit Innenhandschuh aus Leder.

Phalanx Antike griechische Schlachtformation aus Speere tragenden Hopliten, die Seite an Seite einen Schildwall bildeten.

Pike Mittelalterliche Waffe aus einer Eisen- oder Stahlspitze und einem langen Stab.

Prähistorisch Urgeschichte ohne Schriftzeug-nisse.

Rammbock Großer Holzbalken zum Durchbrechen von Mauern oder Toren.

Ritter Krieger adliger Herkunft, der zu Pferd kämpfte; spielte in den Schlachten zwischen dem 7. und 15. Jh. eine zentrale Rolle.

Rüstung Metallene Schutzkleidung eines Kriegers oder seines Reittiers.

Sarissa Antiker griechischer Speer.

Scheide Halter für ein Schwert oder einen Dolch.

Schild Runde oder rechteckige Platte aus Holz oder einem anderen Material, die vor dem Körper getragen wird, um gegen feindliche Schläge geschützt zu sein.

Schwert Stoß-, Hieb- oder Stichwaffe mit scharfer Spitze und zwei Schneiden.

Speer Waffe mit langem Schaft und scharfem, spitzem Ende aus Metall oder Stein, die auf den Feind geschleudert wird.

Stadtstaat Kleiner Staat, bestehend aus einer Stadt und ihrer Umgebung.

Stahl Hartes Metall aus Eisen und einer kleinen Menge Kohlenstoff.

Stehendes Heer Armee, die ständig kampfbereit ist.

Steinschleuderer Infanterist, der mit einer Schleuder Steine und andere Geschosse auf den Feind schleudert.

Steppe Fruchtbare, mit Gras bewachsene Ebene.

Strategie Plan für eine erfolgreiche Kriegs-führung.

Streitaxt Große Kriegsaxt mit breitem Kopf.

Streitflegel Waffe aus einer schweren, dornigen oder kantigen Metallkugel, die an einem langen Stock befestigt ist und zum Zerschmettern des Feindes eingesetzt wurde.

Streitwagen Zwei- oder vierrädriges Fahrzeug mit Pferdegespann.

Taktik Genaue Anweisungen für die nächsten Aktionen einer Streitmacht, um den Sieg in einer Schlacht oder ein anderes militärisches Ziel zu erreichen.

Terrakotta Harte, ohne Glasur gebrannte braunrote Tonware.

Tjost Ritterzweikampf zu Pferd. Die Ritter versuchten, sich gegenseitig vom Pferd zu stoßen; wichtiger Teil eines Turniers.

Turnier Kampfspiel im Mittelalter, bei dem die Ritter ihre Fähigkeiten in Scheinschlachten und Tjosts trainierten.

Uniform Kleidung eines Soldaten im Dienst oder im Krieg.

Unsterbliche 10 000 Mann starke Streitmacht im antiken Perserreich, diente als Leibwache des Kaisers und als Eliteeinheit.

Wappen Zeichen, das symbolisch u. a. für eine Familie oder eine Stadt steht. Ein Familien-wappen z. B. zeigt die Familiengeschichte und Abstammung.

Wehrpflicht Gesetzliche Verpflichtung, einer Armee beizutreten.

Scheide mit osmanischem Dolch

Register

Bildnachweis

SCHLÜSSEL
o = oben, l = links; r = rechts; ol = oben links; oMl = oben Mitte links; oM = oben Mitte; oMr = oben Mitte rechts; or = oben rechts; Ml = Mitte links; M = Mitte; Mr = Mitte rechts; u = unten; ul = unten links; uMl = unten Mitte links; uM = unten Mitte; uMr = unten Mitte rechts; ur = unten rechts

ILLUSTRATIONEN
Umschlag   Malcolm Godwin/Moonrunner Design (Belagerungsszene), Gary Hanna/The Art Agency (Spartaner), Francesca D'Ottavi/Wilkinson Studios (Walküre), Good.com (Helm)
Innenseiten   Barry Croucher/The Art Agency, 22, 24-25; Godd.com (Markus Junker, Rolf Schröter) 23 f., 25 or, 28 ol, 39 oM, or, 42 f., 46-51; Malcom Godwin/Moonrunner Design, 8-13, 40-41; Gary Hanna/The Art Agency, 14 f.; Francesca D'Ottavi/Wilkinson Studios, 16 ul, 17 oM, or, 27 oM, ur, 42; Laurence Porter/KJA-artists, 28 f.; Mick Posen/The Art Agency, 32 f., 34-37; Roger Stewart/KJA-artists, 18 f., 44 f., 54 f.
Pop-up von Malcom Godwin/Moonrunner Design
Landkarten und Globen von Damien Demaj

FOTOGRAFIEN
AA = The Art Archive/Picture Desk, ALA = Alamy, BM = British Museum, CBT = Corbis Traditional Licensing, DK = DK Images, GI = Getty Images, iS = istockphoto.com, PIC = The Picture Desk, SH = Shutterstock, SPL = Science Photo Library, TF = Top Foto, TPL = Photolibrary.com, WF = Werner Forman, Wiki = Public Domain

1 M iS; 2 M iS; 3 oM iS; 4 M iS; 6 ul Gl; o PIC; u TPL; 7 ur iS; uM, M, Mr, or TPL; 8 oM BM; 13 oM iS; oM TF; 14 uM, M iS; uM wiki; 16 ul CBT, ur, or iS; 17 M Gl; ur iS; Ml SPL; 20 M ALA; ul CBT; ur, or iS; uM, ul, ur TPL; 21 ur, or iS; uM, ul, ur, Mr, o, oM TPL; 22 ur CBT; ur iS; 25 or iS; 26 uM SH; uM TF; ur, M, Mr TPL; 27 uM, ur iS; ul, Ml SH; Mr TPL; 28 ol BM; ul DK; ol, ol iS; 29 ul iS; 30 Mr ALA; ul, ol, or Gl; Ml, Ml PIC; uM SH; uM WF; ur wiki; 33 or iS; Mr, Mr, or TPL; 34 ul iS; 35 or CBT; 36 o TPL; 37 or iS; 38 uM, or CBT; ul iS; 39 ur, M, ol CBT; 40 Mr TPL; 42 ul iS; ul TF; 43 or iS; or TF; 47 ul iS; ul TPL; 49 Ml CBT; Ml iS; ur TPL; 50 or iS; 51 ur TPL; 52 o ALA; ur CBT; M iS; u, ul, ur, Mr TPL; 53 or iS; ur, ur, ur, MM, MM, MM, Mr TPL; or wiki; 56 ul, ur, MM, or TPL; 57 oM CBT; uM iS; M, Mr TPL; uM, ol wiki; 60 Ml, ol SH; 61 o TPL; 62 ol CBT; uM TPL; 63 ol Gl